Esther Brito Moreira de Azevedo
Luiz Marcello Moreira de Azevedo

Deus e o mystério
do amor humano

EDITORA
SANTUÁRIO

Copyright © 2018 by
Esther Brito Moreira de Azevedo e
Luiz Marcello Moreira de Azevedo

CAPA E DESENHO GRÁFICO
Fernando Moser

REVISÃO DE TEXTO
Adriana Amback

ISBN 978-85-369-0544-0

1ª impressão

Todos os direitos reservados à **EDITORA SANTUÁRIO** – 2018

Rua Pe. Claro Monteiro, 342 – 12570-000 – Aparecida-SP
Tel.: 12 3104-2000 – Televendas: 0800 - 16 00 04
www.editorasantuario.com.br
vendas@editorasantuario.com.br

Deus e o mystério do amor humano

Esther Brito Moreira de Azevedo
Luiz Marcello Moreira de Azevedo
MEMBROS DO PONTIFÍCIO CONSELHO PARA A FAMÍLIA DE 1983 A 1988

Sumário

Mystério? ... 7
A visão bíblica do casal e da sexualidade ... 9
   Cristo indica o caminho: "no princípio" ... 13
   O Gênesis: uma tradição oral? ... 15
   A criação do homem: duas narrativas ... 18
      A narrativa "sacerdotal" ... 18
      A versão javista ... 19
O casal humano hoje ... 29
Um equívoco de três papas? ... 41
O ser conjugal ... 49
O casal, imagem viva da Trindade ... 55
Os primeiros cristãos casavam-se na igreja? ... 57
A espiritualidade do casal: seu fundamento ... 63
   Uma nova espiritualidade? ... 65
   Quem conhece a espiritualidade conjugal? ... 67
   Um caminho romano ... 68
   O sinal sacramental: é o "sim"? ... 70
   Uma vida consagrada? ... 73
   A "personalidade conjugal" ... 74
   Sacramento permanente? ... 76

O sinal sacramental 79
Um lamentável esquecimento 82
Até mesmo depois do concílio? 88
Uma ressalva 91
Por que Trento foi esquecido? 91
Por que esqueceram? 93
A "dissonância cognitiva" 93
Mas eram santos! 97
A brilhante ressurreição de Trento 99
A máxima densidade sacramental 97
Retiro espiritual para casais: sugestões 111
O casal cristão e as bem-aventuranças 131
Um almoço espiritual 135
Milhagem espiritual 137
Lições tiradas de um filme 141
Até que enfim: um casal beatificado 145
Carta de um pai a seu filho em sua primeira desilusão amorosa 149
Sacramento do matrimônio e existência conjugal 155
A formação dos filhos: fim do matrimônio 163
Dom Eduardo Bustos: testemunho de um empresário 171

Mystério?

 leitor pode achar que a palavra acima padece de um erro ortográfico pois, segundo a reforma de 1971, o "y" foi abolido na nossa língua. O erro, contudo, foi proposital para lembrar que a palavra aqui escrita não tem o sentido de enigma, segredo ou de algo inexplicável. Ao escrevê-la com "y", quisemos empregá-la em seu sentido original, no grego, tal como até hoje se fala no "mistério da igreja", que não possui a acepção, como sabemos todos, de algo enigmático, inexplicável, ininteligível.

É só abrir um bom dicionário para constatar que na língua grega *mysterion* significava algo ligado aos deuses. Aliás, o termo surgiu, literalmente, significando "boca fechada". Isto é, o ser humano ao ser colocado diante das façanhas dos deuses, ficava de tal modo embasbacado que não conseguia dizer coisa alguma, ficava de boca fechada. Ou como se diz entre nós, de queixo caído. Daí passou a significar o que era próprio e característico das divindades. Entrou, assim, para o vocabulário cristão para designar o que é próprio de Deus e que só se atinge com a luz irradiada pelo dom da fé.

Xavier Lacroix, dentro desta perspectiva, explica que "o mistério não é um ponto em que cessa toda a compreensão, mas o lugar onde começa uma *nova compreensão*". John Koenig, Societas Iesu (sj), por sua vez, diz a mesma coisa de outra maneira, talvez até mais sim-

7

ples: "O mistério não é para ser colocado dentro da cabeça, mas para meter a cabeça dentro dele".[1]

É nessa linha, apoiada na acepção grega da palavra, que Paulo fala aos cristãos de Éfeso nos "mistérios ocultos em Deus" (Ef 3:9), aos de Corinto de "serem bons administradores dos mistérios de Deus" (1 Cor 4:1) e aos de Roma termina sua epístola dando graças pela "revelação do mistério envolvido em silêncio desde os séculos eternos" (Rom 16:25). E, em cada missa, o sacerdote depois da consagração apresenta aos fiéis o cálice e a hóstia proclamando, com solenidade: "Eis o mistério da fé".

O *mysterion* do casal insere-se nessa mesma linha. Não disse São Paulo que "Deus nos *escolheu* antes da fundação do mundo para sermos santos no *amor*"? E "nos fez conhecer o mistério de sua vontade que formou desde sempre em Cristo" (Ef 1:4, 9).

Esperamos, assim, com toda esta longa explicação, esclarecer que o "y" usado no título não foi erro ortográfico, mas o desejo de frisar a riqueza e a beleza do sacramento do matrimônio. É o que as páginas seguintes desejam mostrar. Para tanto, vamos procurar, em uma primeira parte, desenvolver as noções que fundamentam o mistério do sacramento, infelizmente, pouco conhecido do matrimônio. Em seguida, para não deixar o assunto apenas "nas alturas", vamos trazer a estas páginas algumas vivências tiradas da vida real, o que amenizará – esperamos – as noções teológicas aqui desenvolvidas, confiando nas luzes do Espírito Santo.

---

[1] Xavier Lacroix, *O casamento: 7 respostas*, Santuário (Aparecida), 2001, p. 86; John Koenig, sj, in *Jornal de Opinião*, Belo Horizonte, 20 de maio de 2002, p. 19.

A visão bíblica do casal
e da sexualidade

ão faz muito vimo-nos diante do trecho de uma obra publicada no Canadá que nos deixou perplexos. O trecho foi tirado de um livro, editado em Quebec no ano de 1963, com o título: *Voyez comme ils s'aiment* (Vejam como eles se amam). Seu autor, François Dantec, segundo nos disseram, é um sacerdote bem conhecido naquele país.

Vejam, em todo o caso, se a nossa perplexidade não tem sua razão de ser. O texto é o que se segue, devidamente traduzido: "Se há um ponto que não apresenta dúvida alguma na doutrina católica é que a continência definitiva e completa no matrimônio deve ser considerada como o ideal objetivamente mais perfeito, que todo o pastor de almas pode e deve apresentar como tal e para a qual lhe cabe exortar todos os fiéis".[2]

Será verdadeira a afirmação peremptória "de que não há dúvida alguma na doutrina católica" sobre este ponto? Será que Deus considera o relacionamento sexual como um obstáculo a uma vida cristã mais intensa? Será que o Criador vê na sexualidade algo menos digno?

Para bem equacionar o assunto, vamos procurar descobrir na Bíblia o pensamento de Deus a propósito do ser humano e de seu

---

[2] Apud E. López Azpitarte e outros, *Práxis cristã*, v. 2, Paulinas (São Paulo), 1994, p. 248.

sexo. Se quiséssemos usar uma maneira mais precisa de falar, diríamos que devemos pesquisar qual a concepção antropológica que se pode extrair dos livros sagrados. Melhor ainda: em que consiste a antropologia bíblica?

Para que o problema fique esclarecido de maneira sólida e bem fundamentada, iremos seguir, basicamente, o ensino oficial de João Paulo II. Logo no começo de seu pontificado, nas audiências gerais das quartas-feiras, de setembro de 1979 a abril de 1980, ele teve a preocupação de sempre falar sobre as questões fundamentais da sexualidade humana. Esta rica série de discursos, publicados, como sempre, no *L'Osservatore Romano*, foi depois editada pela Libreria Editrice Vaticana com um título assaz expressivo: *L'amore umano nel piano divino*. Este foi o livro que João Paulo II, antes do Sínodo sobre a Família, fez questão de oferecer com uma dedicatória de próprio punho a todos os padres sinodais. E depois, em dezembro de 1985, quando da assembleia geral do Pontifício Conselho para a Família, deu de presente a cada um de nós membros daquele conselho. Foi a leitura de nosso exemplar, logo após a audiência, que despertou a nossa curiosidade para melhor conhecer o tema da sexualidade sob o ponto de vista cristão.[3]

Ainda mais que o assunto, além de possuir uma importância que se impõe de per si, sofreu ao longo dos séculos, dentro da tradição da própria igreja, acentuada influência de "uma diversidade enorme de doutrinas (platonismo, maniqueísmo, jansenismo, puritanismo...), todas limitadas por sua condição histórica pré-científica" como bem nota J. M. Monteoliva, SJ.[4]

---

[3] Várias destas alocuções foram editadas em diferentes línguas. Aqui vamos usar aedição brasileira publicada sob o título *Homem e mulher: Reflexões de João Paulo II sobre a corporalidade e a sexualidade humana à luz da Sagrada Escritura*, Cidade Nova (São Paulo), 1987 (será indicada apenas por HM); em língua espanhola, inclusive para alguns textos que não constam da edição brasileira, utilizaremos a publicação *La pareja humana* (será indicada por LPH), Tripode (Caracas), 1980.

[4] José Maria Monteoliva, SJ, *O dilema da sexualidade*, Loyola (São Paulo), 1990, p. 21.

Nos últimos tempos, contudo, teólogos e moralistas têm realizado um profícuo trabalho de aprofundamento do que pensa e ensina a igreja com respeito ao cadente problema da sexualidade humana.[5] Talvez o exemplo mais frisante seja a guinada ocorrida acerca do fim primário do casamento, considerada de tal importância que chegou a ser elevada à categoria de preceito jurídico. Tanto assim, que o Código de Direito Canônico, promulgado por Bento XV a 27 de maio de 1917, declarava em seu cânon 1013: "A procriação e educação da prole é o fim primário do matrimônio; a ajuda mútua e o remédio da concupiscência o seu fim secundário".

Ora, por influência do Vaticano II, mormente da "Gaudium et Spes" (GS) em seu nº 48, como reconhece a constituição apostólica "Sacrae Disciplinae Leges", pela qual João Paulo II promulgou em 25 de janeiro de 1983 o novo Codex Juris Canonici. Este modificou substancialmente a distinção entre fim primário e secundário. É o que se pode ver, com toda a clareza, no texto do cân. 1055§1: "A aliança matrimonial, pela qual o homem e a mulher constituem entre si uma comunhão de vida toda, é ordenada por sua índole natural ao *bem dos cônjuges* e a geração e educação da prole, e foi elevada, entre batizados, à dignidade de sacramento".[6]

No que diz respeito à problemática moral aplicada à sexualidade, é preciso não esquecer um aspecto de peso para seu exato enquadramento. Trata-se de ver que muito do que se disse ao longo dos séculos resulta não só da influência de teorias estranhas ao cristianismo, como alertou Monteoliva, mas também porque tais ideias foram elaboradas em uma "condição histórica pré-científica", como já se salientou. Nem podia ser de outra maneira porquanto "até este século XX a ignorância da humani-

---

[5] Ver, por exemplo, as obras de Antônio Moser, *Teologia moral: Desafios atuais*, Vozes (Petrópolis), 1991; Marciano Vidal, *Moral de atitudes*, Santuário (Aparecida), 1991; Jaime Snoek, *Ensaio de ética sexual*, Paulinas (São Paulo), 1985; *Concilium*, Instituto Teológico Franciscano (Petrópolis), n. 55, 1970/5, p. 533 e ss. Todas essas obras indicam ampla e atualizada bibliografia.

[6] Cf. notas e comentários do padre Jesús Hortal, SJ, à tradução oficial da CNBB e em seu livro *O que Deus uniu: Lições de direito matrimonial canônico*, Loyola (São Paulo), 1986, p. 23 e ss.

dade a respeito da sexualidade permaneceu tão grande que até nos parece inimaginável". É suficiente recordar um aspecto que, para nós, homens e mulheres de nosso tempo, constitui-se em conhecimento absolutamente tranquilo, tão tranquilo que ninguém é capaz de pô-lo em dúvida: o processo de fecundação. Pois bem, só em 1875, coisa de pouco mais de 150 anos atrás, é que se descobriu que a vida surgia da fusão do óvulo com o espermatozoide. Não é preciso dizer que, até então, não se sabia com exatidão qual era o papel que o macho e a fêmea desempenhavam na procriação. Reconhecer a existência do ciclo menstrual da mulher, fundamento do método Ogino-Knaus, é descoberta ainda mais recente: um de seus descobridores, o médico japonês Kiusaky Ogino, faleceu em 1975.

Outro aspecto de igual e, até em certo sentido, de maior importância, refere-se ao relacionamento sexo-psicologia. Não olvidemos, antes de mais nada, que "outrora a sexualidade foi considerada apenas como instinto, algo inato na espécie, irresistível e quase mecânico, que o sujeito aceitava, sem poder fazer elaborações psicológicas individuais".[7]

Foi tão só no início de nosso século, graças aos trabalhos de Sigmund Freud, é que "começou-se a entender cientificamente a sexualidade, considerando-a como um elemento fundamental da personalidade". A partir daí "é que ela não foi mais entendida apenas como um fenômeno puramente biológico, consequência de impulsos neuro-hormonais, mas como um elemento de construção psíquica individual, influenciada também pelo ambiente".

A propósito desse vertiginoso progresso científico ocorrido nas ultimas décadas no que toca ao comportamento sexual do ser humano, J. Marcos Bach lança uma observação que bem sintetiza o assunto: "Aprendemos mais sobre a sexualidade nos últimos cem anos do que em todos os milênios anteriores. A integração destes conhecimentos na moral e na pedagogia sexual é tarefa por realizar".[8]

---

[7] Giacomo Dacquino, *Viver o prazer*, Paulinas (São Paulo), 1992, p. 123; Johannes Feiner e Magnus Loehrer, *Mysterium salutis: Compêndio de dogmática histórico-salvífica*, II/3, Vozes (Petrópolis), 1978, p. 146.

[8] J. Marcos Bach, *Sentido espiritual da sexualidade*, Vozes (Petrópolis), 1978, p. 36; José Comblin, *Antropologia cristã*, Vozes (Petrópolis), 1995, p. 95.

Vê-se, pois, pelas observações que acabamos de fazer, que o assunto reveste-se de uma importância tão grande que para podermos caminhar com segurança em terreno tão intrincado e repleto de tantas inovações, devemos antes de mais nada adotar um parâmetro absolutamente seguro e que sirva de fundamentação para tudo mais: a visão bíblica do casal e da sexualidade. É por isso que vamos procurar seguir, basicamente, os belos e profundos ensinamentos que João Paulo II nos transmitiu logo no início de seu pontificado.

Cristo indica o caminho: "no princípio"

Se o nosso propósito é procurar uma fundamentação sólida para o assunto que nos preocupa, nada melhor do que buscar o caminho junto àquele que se declarou "o caminho, a verdade e a vida" (Jo 14:6). De fato, nos evangelhos vamos encontrar uma passagem que, ao tratar de problemas ligados ao matrimônio, ninguém pode esquecer. Ela está registrada tanto por Mateus como por Marcos. A deste último é mais curta e foi escrita, como se sabe, para comunidades de cristãos que viviam fora da Palestina, no meio dos pagãos. Já o de Mateus, destinava-se aos seguidores de Cristo que estavam entre os judeus, sujeitos aos ataques dos rabinos e, sobretudo, muitas vezes com sérias dificuldades para se desvencilharem das tradições e costumes que vinham da lei mosaica. É precisamente neste contexto que Mateus vai nos dar notícia da cilada preparada pelos fariseus para deixar Jesus em má situação.

Vejamos a passagem. Antes de transcrevê-la, é bom recordar que o princípio do divórcio era pacificamente aceito pelo judaísmo. Sua justificativa provinha de permissão encontrada na legislação deixada por Moisés, consignada no livro do Deuteronômio (24:1-4). O problema amplamente discutido pelos intérpretes consistia em saber qual a extensão a ser dada a permissão: em que casos ela seria admissível?

Como aos rabinos lhes gostava muito o casuísmo, criaram-se logo duas tendências que se engalfinhavam no correr dos séculos em discussões intermináveis. Uma delas preconizava um grande rigor na apreciação

13

da lei do divórcio. Já a outra, em compensação, procurava tudo facilitar, aceitando até mesmo motivos menos sérios para que o casamento se dissolvesse. A escola rigorista estribava-se na autoridade do rabi Shamai, defensor de uma única hipótese para a ruptura do vínculo conjugal, o adultério da mulher. A outra escola, de tendência laxista, seguia os ensinamentos de Hilel, célebre rabino que chegava a admitir o divórcio no caso do marido se desagradar ou se irritar com a mulher.[9] Foi exatamente dentro deste contexto, que os fariseus mais uma vez tentaram armar uma cilada para o mestre. Se ele se pronunciasse por uma ou por outra escola, não estaria fazendo outra coisa do que tanta gente já o fizera antes. Nesse caso, ele passaria a ser mais um rabi dentro da imensa coleção que o povo conhecia.[10]

Vamos, pois, ao texto. A discussão entre Cristo e os fariseus é por demais viva e esclarecedora que não se pode dispensar a sua transcrição:

> Aproximaram-se dele alguns fariseus para armar-lhe uma cilada. Perguntaram-lhe: "É lícito a um homem repudiar a mulher por qualquer motivo?". Respondeu-lhes: "Não lestes que no princípio o Criador os criou homem e mulher e disse 'por isso o homem deixará pai e mãe e se unirá à sua mulher e os dois serão um só ser?'". Assim já não são mais dois, mas um. Pois bem, o homem não deve separar aquilo que Deus uniu. Disseram-lhe: "Então, por que Moisés prescreveu que o homem dê a mulher um certificado de divórcio quando a repudia?". Jesus replicou-lhes: "Moisés vos permitiu

[9] Cf. Elaine Pagels, *Adão, Eva e a serpente*, Rocco (Rio de Janeiro), 1992, p. 41. Outro rabino, este de nome Akkiba, entendia que o desejo de procurar uma mulher de melhor aparência era motivo suficiente para o repúdio da esposa. Henri Daniel-Rops, *A vida diária nos tempos de Cristo*, Vida Nova (São Paulo), 1986, p. 92.

[10] Cf. Giuseppe Barbaglio e outros, *Os evangelhos*, v. 1, Loyola (São Paulo), 1990, p. 291; Pedro Juan Viladrich Bataller (coord.), *Teología del cuerpo y de la sexualidad: Estudios exegéticos para una teología bíblica del cuerpo y de la sexualidad de la persona humana*, Universidade de Navarra/Instituto de Ciências para a Família (Espanha), 1991, p. 176.

divorciar-se das vossas mulheres porque sois duros de coração. Mas no princípio não era assim" (Mt 19-12).

O Gênesis: uma tradição oral?

Todos nós sabemos que não se pode ler o Gênesis da mesma maneira que se lê, por exemplo, o jornal do dia ou um romance. Mais ainda, se não é nada fácil ler *Os Lusíadas* que Luís de Camões escreveu cerca de 600 anos atrás, imagine-se, então, a dificuldade para compreender um livro arcaico redigido, no mínimo, há mais de 2500 anos por um povo de cultura primitiva, em uma língua tão antiga que já no tempo de Cristo não era mais falada. Além do mais, essa língua era bastante pobre a tal ponto que uma palavra corriqueira como "corpo" não existia no hebraico.[11]

É por estas e outras razões que o "livro das origens" não pode ser lido sem se levar em conta o contexto histórico e cultural da época e não como se ele tivesse sido escrito hoje, dentro de nossa maneira de ser e pensar. Fazer isso é correr o inevitável risco de torcer e alterar a mensagem inspirada. Pretender provar ou condenar, por exemplo, o evolucionismo de Darwin com o Gênesis na mão, com muita gente já o fez e outros ainda insistem em fazê-lo, é revelar um completo desconhecimento do gênero literário de nosso livro. É esquecer um dado elementar: o Gênesis não é uma obra de caráter científico ou histórico, mas, simplesmente, uma obra que pretende transmitir tão só uma mensagem religiosa.[12]

---

[11] Cf. *Bíblia de Jerusalém*, nota "e", Gênesis 3:1.

[12] "El texto de la creación del mundo por Diós carece de autor en el sentido moderno del término; en cuanto a su naturaleza... és ensenãnza *sacerdotal*, és decir um saber sagrado antiquísimo transmitido por las manos guardianas de muchas generaciones de sacerdotes." Gerhard von Rad, *El libro del Génesis*, Sigueme (Salamanca), 1998, p. 75; Juan Guillén Torralba, *Génesis*, Sigueme (Salamanca), 1990, p. 10; *La Biblia latinoamericana*, Paulinas (São Paulo) e Verbo Divino (Navarra), p. 39; "Introdução ao Pentateuco" in *Bíblia de Jerusalém*.

Ou como bem explica Johan Konings, estamos aí diante de uma teologia narrativa que não procura outra coisa senão "apresentar uma percepção e uma reflexão religiosa acerca do homem e do mundo". Trata-se, para ser mais preciso, da "releitura teológica da memória do povo", como veremos a seguir.[13] De fato, os hebreus não eram diferentes dos outros povos. Eles também possuíam uma riqueza cultural registrada na memória coletiva, objeto das chamadas tradições orais. Assim, muito antes de serem escritas, as narrativas do Gênesis andavam há séculos na boca do povo, transmitidas de pai para filho. Mais tarde, os redatores do texto não fizeram outra coisa que reduzir à palavra escrita o que as gerações ouviram de seus ancestrais.[14]

Convém não esquecer, ainda, que as narrativas orais para passarem de geração em geração estavam fundadas em um complexo "sistema de ritmos, melodias, aliterações, repetições de palavras e antíteses". Tudo inventado para possibilitar a memorização mais fácil dos textos como, de outra maneira, usava-se nas histórias e lendas infantis, antes do aparecimento da TV.

É claro, então, que estas récitas, quando escritas, não podem deixar de transparecer a influência desses processos mnemônicos.

Para falar com mais precisão, é necessário dizer que estamos aqui diante de uma "linguagem mítica" no sentido hoje aceito pela filosofia da religião e da linguagem. Lembremo-nos, como o faz João Paulo II, estribado no pensamento de Mircea Eliade, que, nessa acepção, mito "não designa algo fabuloso mas, simplesmente, um modo arcaico de exprimir um conteúdo mais profundo", "inacessível à investigação racional e empírica".[15]

---

[13] Johan Konings, *A Bíblia, sua historia e leitura: Uma introdução*, Vozes (Petrópolis), 1992, p. 108.

[14] Além da bibliografia supra, para aprofundar as extensas explicações ver Gerhard von Rad, op. cit.; Celestin Charlier, *A origem e a interpretação da Bíblia*, Aster (Lisboa), s.d.

[15] HM 94 nota 4; LPH 21; *L'Osservatore Romano*, Vaticano, 23 de setembro de 1979; cf. Mircea Eliade, *O mito do eterno retorno*, Editora 70 (Lisboa), s.d., p. 17 e ss.; Pierre Grelot, *Le couple humain dans l'Écriture*, Cerf (Paris), 1962, pp. 18-23; Gerhard von Rad em *El libro del Génesis*, p. 36, prefere falar em "sagas"; Juan Guillén Torralba, *Leyendas etiológicas*; Michel Meslin, "Mito e sagrado" in *Iniciação prática à teologia*, tomo I, Loyola (São Paulo), 1992, p. 49 e ss; Gaalyah Cornfeld, *Arqueología de la Biblia*, Victor Leru (Buenos Aires), 1976, p. 13 e ss.

Para esclarecer a afirmação de uma forma mais simples, pode-se dizer que o mito foi a maneira que o homem primitivo encontrou para explicar grandes problemas que o atormentavam, como "de onde vem o mundo", "para que eu existo", "por que a atração dos sexos é tão forte" e assim por diante. Ao invés de engolfar-se em altas explicações racionais, como nós fazemos, os povos primitivos, dando vaza à intuição, criavam historietas ou escreviam poemas que procuravam explicar as suas inquietações.[16]

Não se pense, também, que as narrativas do Gênesis a propósito da criação do mundo e do homem, como de outras passagens, sejam obras literárias absolutamente originais, criadas exclusivamente pelos hebreus, sem qualquer influência externa de outras culturas. Não é verdade. No cenário mesopotâmico, onde Abraão e seus descendentes sobreviviam, vamos encontrar outras récitas sobre o mesmo tema, oferecendo redações paralelas que influenciaram o povo hebraico. Assim, por exemplo, a *Epopeia de Atrahasis*, escrita em 1600 a.C., dá conta que os deuses modelaram a argila misturada com o sangue de um deus degolado para formar o homem. O poema *Enuma Elish*, redigido na Babilônia em 1100 a.c., narra que o deus Marduk depois de vencer a luta entre as águas salgadas e as doces, separou-as em duas com uma ostra e fez dela a abóbada celeste para, em seguida, criar o homem do sangue de um deus revoltado.

O mais célebre desses poemas é a *Epopeia de Gilgamesh*, originário da Suméria no século XIV a.c. e que exerceu larga influência entre os povos da Mesopotâmia. Nele acham-se várias passagens que encontram um paralelo em trechos do Gênesis.[17]

---

[16] "O mito consiste em tomarmos uma grande questão que trazemos em nós e a projetarmos, em forma de história, num mundo irreal, em um tempo de antes do tempo, o chamado mundo dos deuses, quando o homem ainda não existia. Esta história dos deuses é a nossa, transposta para a época da redação. Ela se torna, então, o modelo que o homem deve copiar. As histórias míticas são, portanto, extremamente sérias: são a primeira reflexão da humanidade." Etienne Charpentier, *Para ler o Antigo Testamento*, Paulinas (São Paulo), 1986, p. 36.

[17] Cf. Celestin Charlier, *A origem e a interpretação da Bíblia*, Aster (Lisboa), s.d., p. 93; Etienne Charpentier, *Para ler o Antigo Testamento*, Paulinas (São Paulo), 1986, p. 31 e ss; Mario Cimosa, *Gênesis 1-11: A humanidade na sua origem*, Paulinas (São Paulo), 1987; Xavier Pikasa, *Antropología bíblica*, Sigueme (Salamanca), 1993, p. 57.

É claro que esta influência cultural de outros povos não significa que o livro não seja de inspiração divina. De jeito nenhum. Deus para se comunicar com os homens só podia fazê-lo usando a linguagem humana e, ao mesmo tempo, respeitando a liberdade do escritor. Já que tocamos no ponto, é preciso consignar uma última observação, mais importante que todas as demais. Se vamos abrir o livro do Gênesis, é para buscar nele o que o Senhor tem a nos dizer com respeito a nós, à nossa humanidade, aos seres dotados de sexo que somos. Buscar a palavra de Deus é, indiscutivelmente, uma tarefa racional, mas da razão iluminada e esclarecida pela fé que outra coisa não é senão o "meio de se conhecer as realidades que não se veem" (Hb, 11:1). A fé é de outra parte, pura obra gratuita de graça. Então, antes de entrar na leitura e análise das partes do Gênesis que nos interessam, seria bom pedir as luzes de fé.

A criação do homem: duas narrativas

Para revelar o que se passou "no princípio", o livro do Gênesis nos apresenta duas narrativas que se completam, oriundas de tradições orais e populares que foram, muito depois, homogeneizadas e fundidas até chegarem a uma redação final.[18]

A que aparece em primeiro lugar, em "Cristo indica o caminho: "no princípio", é a mais recente. Já a que mostramos em "Gênesis: uma tradição oral?" é de redação mais antiga. Vejamos antes de mais nada, as características gerais de uma e outra.

A narrativa "sacerdotal"

A primeira coisa a chamar a atenção é o fato da primeira narrativa, datada do século V a.C., ter sido escrita cerca de 400 anos

---

[18] Gerhard von Rad, *El libro del Génesis*, Sigueme (Salamanca), 1998, p. 28; Juan Guillén Torralba, *Génesis*, Sigueme (Salamanca), 1990, pp. 10-12; "Introdução do Pentateuco", in *Bíblia de Jerusalém*; Juan L. Ruiz de la Peña, *Imagen de Dios: Antropología teológica fundamental*, Sal Terrae (Bilbao), p. 27.

depois da segunda, pois sua redação é dos tempos do exílio na Babilônia (587-538 a.C.).

Destinava-se precipuamente à instrução e à utilização nas funções do culto. Elaborada por gerações de sacerdotes que colocaram no relato o resultado de suas reflexões acerca daquilo que os antepassados narravam, de pais para filhos. Por isso, a narração é, não só mais longa, como sobretudo mais elaborada que a outra, apresentando uma visão poética da criação do mundo antes de chegar ao aparecimento do ser humano. Tem assim um nítido acento cosmológico e, ao mesmo tempo, um caráter objetivo e teológico.

Cosmológico porque o homem não aparece de repente, mas irrompe no mundo como *culminância da criação*. É só recordar que a narrativa abre-se como que pintando diante de nossos olhos uma vasta tela de impressionante sentido plástico: "A terra estava deserta, era solidão e caos e as trevas cobriam a superfície dos abismos. Mas o Espírito de Deus pairava sobre as águas" (Gn 1:2). É a partir desta cena caótica que, gradualmente, exclusivamente por força da Palavra, as coisas começam a surgir: a luz, o dia, a noite, o firmamento, as águas, as plantas, os répteis, as aves, os animais selvagens... Quando tudo isso apareceu e colocou-se em seus lugares ouviu-se a exclamação admirada: "E Deus viu que tudo isso era bom!" (Gn 1:25).

Um retrato plástico como este, desenhado com tanta parcimônia de palavras, encerra uma imensa riqueza cosmológica, pois partindo do nada inicial coloca diante de nossos olhos a natureza com toda a sua variedade e exuberância.

A narrativa sacerdotal, como não se podia deixar de esperar, é de marcado cunho teológico. O autor do texto, assim que acaba de mostrar a criação do mundo natural, salta para o plano das coisas de Deus. É só seguir a leitura para notar que, depois de toda a movimentação que envolve o surgimento de toda as coisas, o aparecimento do homem é precedido de uma introdução solene, marcada pela declaração da própria vontade divina: "Façamos o homem". Mas a criatura que vai ser criada, não é uma criatura qualquer, não é uma criatura equiparada a todas as outras que já apareceram: o Criador a quer com uma qualificação completamente distinta: Ele a quer "à sua imagem e semelhança para que domine" sobre tudo o que foi criado antes dele. Quer dizer, como assinala João Paulo II, "embora o homem esteja tão intimamente ligado ao mundo visível, a narrativa bíblica não fala da sua semelhança com o resto das criaturas, mas somente com o próprio Deus". O relato passa, assim, de uma visão puramente cosmológica para nos colocar no âmbito das deliberações divinas, levando-nos ao plano do teológico.

Ao contrário da narrativa mais antiga, aqui o escritor sagrado fica na constatação "do que se passa" sem consignar qualquer reação de ordem psicológica, subjetiva, diante do desenrolar do grande espetáculo da criação. É até de certa forma fria porque, ademais de teológica, encerra também um claro aporte metafísico; é uma fonte de inspiração para compreender o problema do "ser" e do "existir".

A versão javista

Como já tivemos ocasião de dizer, o relato seguinte reflete com mais fidelidade as tradições populares que corriam de boca em boca. Apesar de mais antigo, foi colocado depois porque o autor do livro ou compilador das várias tradições percebeu, provavelmente, que ele viria para completar a narrativa que aparece primeiro. E, sem dúvida, o javista acrescenta traços que vão permitir uma visão mais completa da "definitiva criação do homem", como salienta João Paulo II.

Nesta narração, vamos encontrar duas fontes que se complementam, ambas desenvolvidas no meio popular. A primeira vai até o versículo 17. A outra, do 18 até o final do segundo capítulo.

A exposição do 1 ao 27 reflete claramente a mentalidade do homem da Palestina, o nômade que vagava pelo deserto em busca de seu oásis. Essa era a sua vida. Esse seu drama mais pungente.

Não é de estranhar, portanto, que a narrativa não comece pelo tom majestoso do texto anterior. Ao contrário, logo de início coloca diante de nossos olhos o quadro desalentador a que o habitante da Palestina estava acostumado: "Quando Yahweh Deus fez a terra e o céu não havia arbusto algum sobre a terra nem erva nenhuma havia crescido nos campos". Estamos, assim, diante de um *deserto totalmente árido*.

É desse solo estéril que o Criador vai retirar a única coisa que era possível, algo completamente desprezível, o pó da terra, o barro. É com esta argila que Yahweh vai modelar um boneco que, com um simples sopro do Criador, vai se tornar uma perfeição maravilhosa, um ser vivente, o homem. Aqui, como na versão anterior, o homem aparece como um substantivo coletivo, referindo-se à espécie humana e não a uma pessoa singular.

Por que a imagem do boneco de barro? É bom não esquecer que a narrativa vem de remotíssima era, quando o homem não conhecia outra indústria senão a do oleiro. Ora, o oleiro devia encantar os nossos velhos ancestrais do deserto, pois conseguia realizar algo fantástico: do miserável pó da terra, de nenhum valor, ele conseguia com sua arte dar forma ao barro, transformando-o em vasos e outros objetos sem os quais não se poderia viver.

Para explicar, então, o aparecimento do homem, aquela gente de mente primitiva não poderia encontrar comparação mais expressiva do que ver em Yahweh um oleiro, mas um oleiro de tal magnitude que era capaz de modelar do nada da Terra um ser vivente. Podia aquela gente exprimir de maneira melhor o poder criador de Deus?

Que coisa, por outro lado, poderia ser mais atraente para o habitante do deserto do que um belo jardim? Cheio de árvores frutíferas, canteiros verdejantes e, acima de tudo, abundância de água? É isso que Deus vai fazer para colocar a criatura que acabara de nascer para a vida: "E Yahweh Deus plantou um jardim no Éden", palavra que, na sua raiz hebraica, traz a ressonância de um lugar de todas as delícias.

A imagem era demais atraente para aquele povo. Seu significado era fácil de ser percebido: o gênero humano não foi feito para o sofrimento, tristeza, dor, nem até mesmo para a morte. Se ele mais tarde foi despojado de todas estas delícias do Éden, o relato um pouco adiante vai mostrar que foi por causa da desobediência à única limitação que lhe foi imposta: "Não comerás da árvore do conhecimento do bem e do mal, senão morrerás" (Gn 2:17).

A narração – seguindo agora outra tradição popular – prossegue apresentando um contraste que não deixava de ser paradoxal. Lá estava o nosso vivente cercado por aquele mundo de coisas deliciosas.

Malgrado isso, ele ali estava sentindo-se só, padecendo de um mal que até hoje aflige uma quantidade de gente, a solidão.[19] O nômade conhecia o amargor do problema. Ele, como pastor, era obrigado a deixar sua tenda para levar o rebanho bem longe, onde encontrasse um pouco de pasto. Volta e meia nessas andanças, via-se sozinho, isolado, sem ninguém por perto. A solidão era sua penosa companhia.

À luz dessa aguda e bem conhecida experiência, o narrador dessa história das origens, vai colocar na boca de Yahweh uma declaração impressionante, cheio de realismo existencial: "Não é bom que o homem esteja só".

Para resolver o drama, o escritor faz aparecer de novo em cena o Deus-oleiro que, novamente, tomando do barro da terra, vai modelar as aves e animais, apresentando-os ao homem para que cada qual recebesse o seu nome. Esta expressão "dar o nome", em hebraico, era a maneira de dizer que o homem era o senhor de todos os seres existentes na natureza.

Essa mesma ideia, aliás, vigora até hoje. É só lembrar que entre nós quem dá nome ao filhote do cachorro ou gato da casa é o dono. Pelo menos quando as crianças deixam...

Apesar de ter-se tornado senhor de toda a natureza, o homem continuava sentindo-se só, sem lograr encontrar em outros viventes quem lhe fosse capaz de fazer companhia, que pudesse partilhar sua vida em comunhão com ele.

Ao constatar que o homem continuava em isolamento, prisioneiro de sua solidão, Yahweh resolveu agir de outra maneira. Já não quis mais usar o pó da terra. Achou que devia lançar mão de algo, por assim dizer, de mais dignidade. Como procedeu?

Fez um sono profundo cair sobre o homem. Algumas traduções falam em torpor. Outros exegetas dizem que a tradução mais exata do termo que aparece no original hebraico seria *ecstasy*.[20]

---

[19] E. López Azpitarte e outros, *Práxis cristã*, v. 2, Paulinas (São Paulo), 1994, p. 2899.

[20] Cf. João Paulo II, *Uomo e donna lo creò: Catechesi sull'amore umano*, Libreria Editrice Vaticana/Città Nuova (Roma), 1985, 55, nota 3.

É claro que, no entender das feministas, esta tradução é muito mais indicada porque deita por terra qualquer visão machista. O texto, neste caso, ficaria assim redigido: "Yahweh fez o homem entrar em êxtase. E então tirou-lhe uma costela e modelou a mulher e a apresentou ao homem" (Gn 2:21-22).[21] Veja a diferença que alguns comentaristas fazem questão de notar: se o homem saiu do pó, a mulher saiu do próprio homem. Poder-se-ia exprimir de forma mais eloquente que a mulher possui não apenas a mesma natureza que seu correspondente masculino, mas também a mesma dignidade que ele? Seria o caso, então, de indagar por que a mulher durante tanto tempo, inclusive ao longo do Antigo Testamento, teve uma posição de marcada inferioridade? Como isso foi possível se diante da visão apregoada pelo Gênesis a pretendida superioridade do varão não encontra guarida?

Talvez esta interpretação machista advenha de outro problema de tradução. Diz o nosso texto que o homem depois de haver dado o seu nome a todos os bichos "não encontrou uma auxiliar que lhe correspondesse" (Gn 2:20). João Paulo II em uma de suas alocuções faz questão de esclarecer que a palavra hebraica *cezer kenedô*, usada no original, é de muito difícil tradução. Tanto que em nota ao pé da página, elenca traduções adotadas pelas principais línguas faladas na Europa para mostrar que, no fundo, o termo hebraico sugere a ideia de "complementaridade", ou melhor, a "correspondência exata" entre um e outro.[22]

---

[21] A propósito dessa famosa costela, o rabino Gamaliel, professor de Paulo, contava uma lenda encantadora. Ei-la: certo imperador disse a um sábio: "Teu Deus é um ladrão, para fazer a mulher teve que roubar uma costela de Adão". O letrado não soube responder. Sua filha, porém, disse-lhe: "Deixe que eu cuido disso". Foi procurar o imperador e lhe disse: "Pedimos justiça". "Por quê?", retrucou o monarca. "Ladrões entraram em casa ontem à noite e roubaram um jarro de prata e, em seu lugar, deixaram um outro de ouro." Rindo, o imperador disse-lhe: "Gostaria de ter ladrões assim todas as noites". Replicou-lhe a moça: "Bem, foi isso o que o nosso Deus fez, tomou uma simples costela do homem e deu-lhe, em troca, uma esposa". In Henri Daniel-Rops, *A vida diária nos tempos de Jesus*, Nova Vida (São Paulo), 1986, p. 90.

[22] João Paulo II, HM 57.

Em outras palavras, a "auxiliar" desejada pelo homem referia-se a um ser diverso dos animais, que lhe fosse semelhante em dignidade e origem, de tal sorte que fosse capaz de completar a sua pessoa. Assim, quando Yahweh Deus lhe apresentou a mulher, o homem exultou, entoando o primeiro canto de amor de todos os tempos:

> Esta sim, é osso dos meus ossos
> e carne da minha carne!
> Ela será chamada mulher
> porque tirada do homem! (Gn 2:23)

Ao acrescentar à redação do texto este pequeno poemeto, revelador do grito explosivo e alegre com que o homem saúda e recebe a sua companheira, o autor sagrado quis, de um lado, salientar o esmero com que Deus criou a mulher – tanto que leva o homem à exultação – e, de outro, explicar o mistério de pertença de um ao outro.

Há outro pequeno detalhe na narrativa que mostra o "sucesso" da mulher aos olhos do homem. É só voltar atrás alguns versículos, recordando, como vimos, que o homem "deu o nome" a "todas as feras selvagens e às aves do céu", mostrando, assim, que era o senhor de todos (Gn 18:20). Quando deparou com a mulher, não lhe deu nome algum senão o seu próprio. É o que deixa claro a redação original, como João Paulo II faz questão de asseverar, salientando um dado expressivo: ao invés de falar de homem e mulher, o texto utiliza um jogo de palavras: *iss* = macho e *issha* = fêmea, de tal forma que se existisse a palavra em português deveria-se dizer: "Ela será chamada varoa porque foi tirada do varão" (*L'Osservatore Romano*, 23 de setembro de 1979; HM 18 e 96, nota 5).[23]

Não obstante a dificuldade de tradução, o certo é que o redator quis deixar claro que o feminino vai encontrar o seu complemento no masculino para que, os dois juntos, formem uma unidade, um novo, o casal: "E os dois serão uma só carne" (Gn 2:24).[24]

---

[23] Ver Juan Guillén Torralba, *Génesis*, Sigueme (Salamanca), 1990, p. 36.
[24] João Paulo II, carta apostólica "Mulieris Dignitatem" 7.

A expressão usada pelo escritor, ademais de famosa, exprime com a profundidade do seu realismo, a força e a beleza da comunhão sexual do homem com a mulher, oriunda de um amor que nasce de um *misterioso atrativo recíproco*, como pondera João Paulo II.[25]

Ganha assim o ato sexual, no dizer de João Paulo II, uma dimensão de tal vigor que possibilita ao ser humano "vencer a *solidão* que lhe parecia inata".[26]

Esta superação do isolamento original, por sua vez, leva os dois, homem e mulher, a formarem uma unidade tão intensa que dos dois surge um terceiro, o filho (Ml 2:15). A dualidade dos sexos gera, assim, uma unidade que é ao mesmo tempo trinitária.[27]

Por tudo isso é que se pode dizer que a criação do casal vem ser a culminância, o ápice, o apogeu da obra criadora de Deus porque revela, aos olhos opacos da humanidade, a infinita realidade de um Deus que é Amor.

A récita popular termina com uma frase que, à primeira vista, pode parecer intrigante e até mesmo fora de propósito: "Os dois estavam nus e não se envergonhavam" (Gn 2:25).

Antes de qualquer outra observação, é bom repetir o que diz João Paulo II a propósito dessa frase, ao mesmo tempo curta e de

---

[25] *L'Osservatore Romano*, Vaticano, 25 de novembro de 1979; HM 44.
[26] Gênesis 2:18, 43-45.
[27] As palavras de João Paulo II em Quinxassa, na África, são por demais expressivas: "Todos conhecem a célebre narrativa da criação... Diz ali que Deus fez o homem à sua semelhança ao criá-lo varão e mulher. Eis o que surpreende logo de início. A humanidade, para assemelhar-se a Deus, deve ser um casal de duas pessoas em movimento uma para a outra, duas pessoas que o amor perfeito reúne na unidade. Este movimento e este amor fá-las semelhantes a Deus, que é o próprio amor, a unidade absoluta de três pessoas". In *L'Osservatore Romano*, Vaticano, 15 de maio de 1980, p. 5; ver também IV Conferência do Episcopado Latino-americano, "Conclusões de São Domingo" 212, Celam, 1992; *Curso Teologia*, v. 5, Cidade Nova (Vargem Grande Paulista), p. 227; E. López Azpitarte e outros, *Práxis cristã*, v. 2, Paulinas (São Paulo), 1994, p. 188; Jürgen Moltmann, *Deus na Criação*, Vozes (Petrópolis), 1993, p. 318; Frei Almir Ribeiro Guimarães, *Projeto de vida a dois*, Vozes (Petrópolis), 1993, p. 9.

sentido aparentemente enigmático: ela não é menos importante e significativa do que as duas outras, tanto a que fala no homem como "imagem de Deus" como a que proclama a mulher como "carne de minha carne" (hm 48).

Onde está a sua importância? É neste versículo que é mencionado o papel fundamental do corpo na existência sexuada da pessoa humana. A frase, bem analisada, revela que um olhou para outro e viu o quê? O homem viu o corpo da mulher e a mulher enxergou o corpo do homem, pois, só assim, eles podiam constatar que "estavam nus". Mas um ao olhar para o corpo nu do outro "não sentiu vergonha" de qualquer espécie, como esclarece o texto. O esclarecimento, porém, aí foi colocado para pôr em evidência que, entre um e outro, não existia qualquer tipo de barreira, nada que os separasse, que os impedisse de um ser complemento do outro.

Até pelo contrário, a nudez mostrava aos dois que os seus corpos se completavam, que um tinha sido feito para o outro. E se um era chamado a completar o outro, surgia entre eles uma mútua atração que os levava à entrega recíproca.

Para exprimir toda a força dessa atração, a tradição popular, oriunda de uma espécie de sociedade marcadamente patriarcal, onde os laços de sangue têm um peso decisivo, não encontrou maneira mais eloquente do que declarar de forma peremptória: "Por isso o homem deixa seu pai e sua mãe para se unir à sua mulher" (Gn 2:24).

João Paulo II, ao apontar a existência desta propensão de um pelo outro, inata no íntimo de cada um deles, faz notar que isso revela que o corpo traz inscrito no seu íntimo um "sentido esponsal" (hm 68, 71).

É em decorrência desse caráter esponsalício, continua o pontífice, que o homem e a mulher vão poder chegar a uma "comunhão pessoal" que não encontra similar em qualquer outra no mundo dos homens (hm 53).

Esta nossa comum-união profunda, o nosso texto vai traduzir com uma alegoria singela, mas que cala fundo pelo seu intenso conteúdo subjetivo: *Eles se tornarão uma só carne* (Gn 2:24).

Se lembrarmos que na língua hebraica não existe a palavra corpo – como já ressaltamos – o vocábulo "carne" entra aí por sinédoque, isto é, tomando a parte para expressar o todo. Em nosso caso, para dizer que os dois se fundem em um só corpo, vale dizer, unem-se como se fossem um só ser. É por tal razão que, séculos mais adiante, o profeta Malaquias (480-460 a.c.) vai explicar o texto com estas palavras: "Por acaso Deus não fez dos dois um único ser, dotado de carne e espírito?".[28]

Se nos é lícito acrescentar uma observação de caráter pessoal, tirada de nossa própria experiência, só podemos dizer que o ato conjugal realizado com amor faz com que marido e mulher sintam-se em realidade de tal modo unidos que conseguem realizar o milagre dos dois serem um só.[29]

Ademais, é nesta comunidade cujas origem encontram-se na diferença entre os sexos, que homem e mulher vão encontrar a possibilidade de realizar a plenitude de sua vocação mais fundamental, *a vocação para o amor*.

E assim chegamos ao fim dessa meditação em torno das narrativas do Gênesis. Podemos dizer, então, à guisa de conclusão, que o casal humano é a obra-prima[30] da criação: um homem e uma mulher que ao formarem uma pequena comunidade de amor, o casal, cujo fruto é o filho, são a imagem viva aqui na terra da infinita comunidade do Pai e do Filho unidos pelo amor do Espírito Santo. E isso é tudo!

---

[28] Malaquias 2:14, na tradução da *Bíblia sagrada*, edição pastoral, Paulinas (São Paulo), 1990.

[29] "Em cada união conjugal do homem e da mulher", lembra João Paulo II , "é de nova descoberta a mesma original consciência unitiva do corpo: com isso indica o texto bíblico que ao mesmo tempo que em cada uma das tais uniões se renova em certo modo, o mistério da criação, em toda a sua profundidade e vitalidade original e força vital" (HM 45).

[30] "Introdução ao Gênesis" in *Bíblia sagrada*, edição pastoral, Paulinas (São Paulo), 1990, p. 13.

O casal humano hoje

ão pode passar desapercebido, em suma, ao cristão, uma constatação por demais significativa a propósito do casal humano. Se bem repararmos – como já salientamos – vamos ver que ele aparece na Bíblia logo na suas páginas iniciais. Naquelas que falam da criação do mundo e de todas as coisas. Aquelas que constam dos dois primeiros capítulos do Gênesis, o chamado "livro das origens".

Como também não se pode deixar de constatar que antes de criar o ser humano "o Criador como que reentra em si mesmo para procurar o modelo e inspiração no próprio mistério de seu ser", no Amor que Ele é.[31]

Por isso, Deus ao decidir a criação da humanidade com um enérgico "façamos", o homem surge à "sua imagem e semelhança",[32] isto é, como um ser capaz de amar e de ser amado, um ser que seja animado, fundamentalmente, pelo Amor.

E assim faz aparecer no cenário da obra criadora, como a sua culminância, o casal humano. E por quê?

É indispensável para tanto prosseguir em uma análise mais apurada da narração bíblica. É então que deparamos com dado ab-

---

[31] João Paulo II, *Carta às famílias*, n. 6, 1994.
[32] Gênesis, 1:26.

solutamente fundamental: ao criar *adhan*,[33] o ser humano, Deus o criou como macho e fêmea, porquanto não existe o ser humano em si, mas unicamente como *homem e mulher*.[34] É o que se constitui no que João Paulo II, com insistência, chama de uma *verdade essencial* porque ocupa uma posição basilar na sua extensa "catequese sobre o amor humano".[35]

Ao criá-los, assim, na dualidade sexual, quis Deus que entre um e outro existisse uma atração tão forte que os dois se tornassem um, "uma só carne".

Para um entregar-se ao outro, tornando-se "uma só pessoa", é necessário, todavia, um doar-se ao outro, abrir mão de alguma maneira do "eu" para fundir-se no "nós", o que só um liame mais forte do que o do sangue pode fazer, *o amor*: "Por isso deixarão pai e mãe para serem uma só carne".[36]

O *homem* e a *mulher* unidos pelo *amor* dão origem, assim, a uma terceira pessoa, o casal: são *três* que se tornam *um*, mesmo porque o doar-se não implica no desaparecimento do eu, mas em seu enriquecimento pela complementação que um recebe do outro. O casal

---

[33] A maioria das traduções acabou traduzindo a palavra hebraica *ádam* pelo nome próprio Adão, entretanto, no original ela é um substantivo coletivo que melhor se traduziria por humanidade ou o ser humano; ademais, está ligada à acepção de barro, terra, donde alguém propôs que se poderia traduzir por "terroso", se a palavra existisse em português. Ver glossário de *La Bible – Nouvelle traduction*, Paris, 2001; *Bíblia Sagrada*, tradução da CNBB; Esther Brito Moreira de Azevedo e Luiz Marcello Moreira de Azevedo, *O matrimônio: Para que serve este sacramento?*, Vozes (Petrópolis), 1997, p. 41 e ss.

[34] Edward Schillebeeckx, *O matrimônio*, Vozes (Petrópolis), 1969, p. 40.

[35] A longa e magistral catequese de João Paulo II está publicada pela Città Nuova Editrice conjuntamente com a Libreria Editrice Vaticana sob o título *Uomo e donna lo créo: Catechesi sull'amore umano*, obra de fôlego com 521 páginas em tipo 8 e que corresponde às reflexões feitas nas audiências gerais de setembro de 1979 a abril de 1980; parte dessas alocuções está publicada em português pela Cidade Nova sob os títulos *Ele os criou Homem e Mulher* (1982) e *Libertar o coração do homem: Subsídios para uma teologia do corpo* (1984).

[36] Gênesis, 2:24.

é, portanto, uma nova entidade em que os seus dois componentes continuam distintos, mas formando uma nova pessoa.

Eis aí o profundo e admirável "mistério do casal": o homem e a mulher, unidos pela força do Amor, realizam a realidade mistagógica dos três se tornarem um.

Não foi por outro motivo que João Paulo II no Encontro Mundial das Famílias em 1994, na cidade de Roma, recordou que "a comunhão do homem e da mulher no casamento responde às exigências próprias da natureza humana mas, ao mesmo tempo, ela é reflexo da bondade de Deus. Mas este amor nasce no próprio seio da Trindade da qual é imagem eloquente e viva".[37] E na sua *Carta às famílias*, datada de 2 de fevereiro de 1994, vai recordar: "Nas palavras do Concílio, a 'comunhão de pessoas', em certo sentido, deriva do mistério do 'Nós' Trinitário e, por conseguinte, a comunhão conjugal também deve ser referida ao mesmo mistério".[38]

Por isso, Hildo Conte, em magnífico livro, vai asseverar que a "vocação esponsal da pessoa é a profecia do mistério de Deus Trinitário", pois "profetiza e sacramentaliza o amor do Pai pelo Filho no Espírito Santo. É a versão terrena mais semelhante a Deus, a sua imagem impressa numa relação humana".[39]

É a esta imagem grandiosa, atribuída ao casal, que Cristo alude em sua discussão com os fariseus a propósito do divórcio, admitido pela lei de Moisés: "No *princípio* não era assim".[40]

Foi a "dureza dos corações" depois do pecado, como Cristo lembra em continuação no famoso texto, que fez cair no olvido, apagou a imagem que o próprio Deus fez questão de modelar lá "no princípio".

O mais estranho é que isso tenha acontecido apesar do Antigo Testamento recordar e apontar, como exemplo, casais enaltecidos por

---

[37] *La Documentation catholique*, Bayard Presse (Paris), n. 2104, novembro de 1994.
[38] João Paulo II, *Carta às famílias*, Paulus (São Paulo), 1994, item 8.
[39] Hildo Conte, *A vida do amor: O sentido espiritual do Eros*, Vozes (Petrópolis), 2001, pp. 254 e 135.
[40] Mateus 19:1-12.

estarem ligados por um verdadeiro amor. É só lembrar de alguns. Isaac que consolou-se da morte de sua mãe Sara amando a Rebeca;[41] Jacó que enamorou-se de Raquel, "bonita de rosto e de corpo"[42], mas para tê-la serviu o pai dela, Labão, por catorze anos e "mais serviria ainda se não fora, para tão grande amor, tão curta a vida" como cantou Luís de Camões em celebrado soneto;[43] Tobias que desposou Sara, malgrado a sina dos seis maridos anteriores haverem morrido "na noite em que iam aproximar-se dela".[44] Merece especial destaque o impressionante e dramático simbolismo do casamento de Oseias. Para não alongar, tome-se a bela declaração de amor que o profeta propõe-se a fazer à sua esposa, Gomer, "falando-lhe ao coração" para *"seduzi-la"*: "Eu me caso contigo para sempre com amor e carinho, com toda a fidelidade e, então, *conhecerei* o Senhor".[45]

Mais estranho, ainda, é que o livro de Isaías, a toda hora invocado pelos antigos, não encontrou melhor comparação para a aliança de Deus com o seu povo do que o casamento: *Iahweh te chamou como à mulher de tua mocidade*.[46] *Como um jovem se casa com uma moça virgem, assim o teu Criador se casará contigo. Mais do que um recém casado goza com a sua esposa, assim farás as delícias do teu Deus*.[47] E o mais importante dos livros sapienciais de Israel, o dos Provérbios, atribuídos ao rei Salomão, conclamava o israelita a *gozar com a esposa de tua juventude e que embriaguem sempre as suas carícias e o seu amor te satisfaça sem cessar*.[48]

A própria lei de Moisés tinha a união do casal em tão alta conta que determinava uma lua de mel de fazer inveja, livrando o esposo

---

[41] Gênesis 24:15-67.
[42] Gênesis 29:17.
[43] Gênesis 29:15-30.
[44] Gênesis 29:15-30.
[45] Oseias 2:16-22.
[46] Isaías 54:6.
[47] Isaías 62:5. Cf. tradução adotada pela *Biblia Latinoamericana*, Verbo Divino (Madri), s.d.
[48] Provérbios 5:18-19.

até mesmo do serviço militar: *Se um homem é recém-casado, não irá à guerra, nem lhe será imposto cargo algum. Fique livre em casa durante um ano, para alegrar-se com a mulher que desposou.*[49]

A todas estas passagens do Antigo Testamento não se pode deixar de acrescentar, sobretudo, o "Cântico dos Cânticos" que o famoso teólogo Edward Schillebeeckx, Ordem dos Pregadores (OP), chamou de "evangelho do amor erótico e da sexualidade".[50]

Lamentável é que nem mesmo a igreja primitiva escapou da malévola tendência de escamotear a ideia do casal traçada no Gênesis. Acabou submergida em visões estranhas ao que Deus revelara desde o "princípio".

É indubitável, a esse tempo, a marcante influência do platonismo no pensamento dos primeiros pensadores. Basta evocar os mais importantes: Justino, o primeiro grande apologista, "introduz o pensamento de Platão na igreja" ainda no segundo século; Ireneu de Lyon, dotado de vasta cultura clássica, citava Homero e Platão inúmera vezes em suas obras contra os gnósticos, particularmente na sua obra *Demonstração da pregação apostólica*;[51] Clemente de Alexandria, que buscou na filosofia o melhor entendimento da fé e que nos dias de hoje seria objeto de apedrejamento, dizia que: "Todas as mulheres deviam sentir-se angustiadas de vergonha ao pensar que são mulheres"; Orígines, primeiro grande exegeta, considerado um dos maiores gênios do cristianismo primitivo, recebeu larga influência do platonismo;[52] Tertuliano, que apesar de declarar os filósofos gregos como "patriarcas da heresia", não deixou de ser influenciado pelo pensamento platônico. Basta recordar uma sua afirmação: "É preciso que as leis obriguem os homens a terem filhos, porque ne-

---

[49] Deuteronômio 24:5.

[50] Apud Francisco Taborda, SJ, *Matrimônio, aliança, reino*, Loyola (São Paulo), 2001, p. 40.

[51] Cf. A. Hamman, *Os padres da igreja*, Paulinas (São Paulo), 1977, p. 27 e ss.; Roque Frangiotti, *História da teologia: Período patrístico*, Paulinas (São Paulo), 1992, p. 24 e ss.

[52] A. Hamman, op.cit. p. 95.

nhum homem sábio o desejaria espontaneamente". Ou, então, esta verdadeira pérola: "A mulher é a porta do inferno, pois o reino dos Céus é a pátria dos eunucos". Santo Ambrósio de Milão não deixava por menos: "As pessoas casadas deviam enrubescer-se do estado em que vivem";[53] Atenágoras de Atenas, depois de sustentar que o "casamento tem por finalidade procriar filhos", vai dizer que o novo matrimônio de quem enviuvou "é um adultério decente"![54]

Todos eles, em suma, foram seguidores da doutrina de Platão, a ponto de alguém dizer que o filósofo grego foi "um cristão antes do cristianismo".

É certo, porém, que alguns escaparam da tendência de esquecer a visão bíblica do casal. Clemente de Alexandria, que viveu na segunda metade do século II, chegou a afirmar "que o estado de vida do casado é superior ao do celibatário".[55] O mais importante foi São João Crisóstomo que, contrariando muitos outros que encontravam na prole a única justificativa para o casamento, declarou: "Ainda que não tivessem nenhum filho, o casal não continuaria sendo dois que não formam senão uma só carne?". Ensinava que *a instituição do matrimônio foi o primeiro ato legislativo de Deus porque tem a sua origem na criação do primeiro casal*, motivo pelo qual não titubeou afirmar: *Se alguém se casa cristãmente, não será em nada inferior aos monges, nem o que está casado é inferior aos que não estão*. Dentro desta perspectiva, Crisóstomo tirava esta importante conclusão: *A união conjugal significa os dois caminharem unidos para Deus*. Como também não tinha rebuços em afirmar: *A mulher acolhe a parte fecunda da fusão do prazer para, depois, alimentá-la e dela cuidar. Em troca ela dá um novo ser humano*.[56] Daí

---

[53] Ver Paul Evdokimov, *Sacramento del amor: Misterio conyugal ortodoxo*, Libros del Nopal (Barcelona), 1966, p.23 e ss.

[54] *Padres apologistas*, Coleção Patrística, v. 2, Paulus (São Paulo), 1995, pp. 161-162.

[55] *Stromata* 7:12, apud Silvio Botero, *O amor conjugal: Fundamento do casal humano*, Santuário (Aparecida), 2001, p. 222.

[56] Cf. Santo Juan Crisostomo, *La educación de los hijos y el matrimonio*, Ciudad Nueva (Madri), 1997, p.5; Homilia XX, epístola aos Efésios 106-107; homilia XXII aos colossenses 145.

dizer, em sua homilia sobre o Gênesis, que *o matrimônio por ser a união íntima de duas vidas é o Sacramento do Amor.*⁵⁷

Dentre todos os padres da igreja, todavia, merece especial destaque Agostinho de Hipona, seguidor de Plotino, o mais famoso neoplatônico latino. Uma simples passagem, tirada de uma carta que dirigiu a Proba e Juliana com o intuito de direção espiritual, mostra bem como o seu pensamento estava eivado de platonismo: *Maior generosidade é imitar na carne a vida dos santos, do que aumentar por sua carne o número dos mortais. Pois, maior e mais feliz fecundidade é crescer em espírito do que suportar a gravidez do ventre; a candura do coração é mais que o leite nos seios; dar a luz para o céu, por suas orações, do que dar a luz para a terra, por suas entranhas.*⁵⁸

Apesar do pensamento de Platão estar longe do ideal bíblico do casal, indiscutivelmente foi Santo Agostinho, pelo brilho de seu gênio, o pensador que maior influência teve na igreja a propósito de matrimônio. Até o advento do Vaticano II, a doutrina oficial, registrada inclusive no Código de Direito Canônico de 1917,⁵⁹ repetia a famosa tríade do bispo de Hipona a propósito dos fins do matrimônio: *Proles, fides et Sacramentium.*⁶⁰

Ora, não esqueçamos que o platonismo com seu dualismo corpo-espírito sustentava que a alma, espiritual e imortal, era prisioneira do corpo, o qual impedia a sua ascensão ao mundo da Ideia Superior, ao Bem Absoluto, Deus.⁶¹

---

⁵⁷ Apud Paul Evdokimov, *Sacramento del amor: Misterio conyugal ortodoxo*, Libros del Nopal (Barcelona), p. 59.

⁵⁸ Santo Agostinho, *Cartas a Proba e a Juliana: Direção espiritual*, Paulinas (São Paulo), 1987, p. 53.

⁵⁹ Cânon 1013.

⁶⁰ Note-se que *fides* nesta frase não tem o nosso sentido de fé, de dom sobrenatural, mas sim o respeito à palavra dada, assim como *sacramentum* não diz respeito ao sacramento cristão: a palavra é empregada na acepção usada no Direito Romano, a de respeito ao pactuado, mesmo porque naquele tempo ainda não se conhecia a doutrina dos sacramentos, o que só acontecerá no Concílio de Florença, no século XV.

⁶¹ Battista Mondin, *Introdução à filosofia: problemas, sistemas, autores, obras*, Paulinas (São Paulo), 1981, p. 163.

Daí haver-se introduzido no pensamento cristão o repúdio ao corpo, à carne e, por decorrência, ao sexo, para dar-se prevalência às coisas do espírito.[62] Ora, João Paulo II faz questão de lembrar que "a separação entre espírito e corpo no homem teve como consequência a tendência para tratar o corpo humano, não segundo a sua específica semelhança com Deus, mas segundo sua semelhança com todos os outros corpos presentes na natureza", os animais.[63]

O triste resultado do dualismo platônico é que à revelia da lição tirada do Gênesis, acabou-se esquecendo que o ser humano é "um *corpo espiritualizado* assim como o espírito está tão profundamente unido ao corpo que se pode qualificar como um *espírito 'corporificado'*".[64]

É evidente, então, que o casamento dentro de tais concepções não podia ser visto com bons olhos. Devia ser tolerado tão só para garantir a perpetuação da espécie, além de ser o *remedium concupiscentiae*, remédio para a concupiscência daqueles que não aguentavam a continência, apanágio dos perfeitos!

Não se pode esquecer, de outra parte, a enorme influência do monaquismo que surge no século III, quando a igreja, livre das perseguições, prosperava, impondo-se ao mundo europeu. Surgem, nesse passo, homens que buscavam a quietude e o silêncio para praticarem, com denodo, a sua espiritualidade em que os duros exercícios ascéticos ocupavam lugar predominante. Para alcançar este objetivo, advogavam a necessidade de fugir do mundo, recolhendo-se aos lugares ermos do deserto. Sofreram, contudo, uma forte influência dos estoicos que consideravam o corpo, a carne, os sentidos, os prazeres como um grande mal. Claro que, com tais ideias, o celibato era uma exigência básica. Não podiam, portanto, ver o casamento com simpatia. O prestígio, contudo, do *fugere mundi*, da fuga às coisas do mundo, causou enorme admiração deixando inegável sequela na cristandade, acentuando o desprezo pelo corpo e, por consequência, olvidando a "verdade essencial" apresentada na Escritura Sagrada.

---

[62] Tomás de Kempis, *Imitação de Cristo*, Vozes (Petrópolis), 2000, p. 77.
[63] João Paulo II, *Carta às famílias*, Paulus (São Paulo), 1994, 8.
[64] João Paulo II, op. cit.

Por decorrência de todas estas ideias, influências e ideais que sempre ressaltaram a superioridade da virgindade e do celibato, a bela imagem do casal humano revelada por Deus no Gênesis ficou cada vez mais abafada e esquecida. A "dureza dos corações" continuava a produzir efeitos, paradoxalmente, mesmo depois de Cristo!

É de justiça, porém, salientar que no decurso dos séculos vozes se levantaram para defender a liberdade de escolha por parte dos noivos, bem assim a importância do amor conjugal. Para não ir mais longe, é só recordar as teses que aparecem em um dos mais significativos livros da literatura universal, *I promessi sposi*, do milanês Alessandro Manzoni. Ou nas emblemáticas desventuras de *Romeu e Julieta*, que o gênio de Shakespeare colocou no palco. Este último traz à baila os chamados "casamentos secretos", artifício encontrado pelo clero para legalizar o amor dos jovens, repudiados pelos pais: no fundo, o artifício mostrava que havia clérigos que acreditavam na prevalência do amor. A prática não parece ter sido muito incomum, tanto que o Concílio de Trento entendeu aboli-lo pelo célebre Decreto Tametsi.

Nem mesmo o fecundo pensamento medieval, ao prestigiar o realismo de Aristóteles deixando de lado as pegadas de Platão, conseguiu reabilitar a visão do Gênesis. Um grande teólogo dominicano de nosso tempo, Edward Schillebeeckx, em livro clássico *O matrimônio: Realidade terrestre e mistério de salvação* vai confessar: "Não nego que a escolástica tinha uma certa antipatia para com o sexo e a sexualidade" (p. 304). Curvava-se, assim, o mestre holandês, entre outros textos, aos de Santo Tomás que ensinava: "A mulher é necessária como companheira para a obra da procriação, mas não para qualquer outra atividade, como alguns pretendem, já que para todas as demais obras o homem é melhor ajudado por outro homem do que pela mulher",[65] mesmo porque, dizia o Doutor Angélico, "a mulher, por natureza, é inferior ao homem".[66]

Ademais, a teologia escolástica ao abandonar a prevalência das teses fundamentais do platonismo, acabou, no que concerne ao ca-

---

[65] Tomás de Aquino, *Suma teológica*, v. 1, Loyola (São Paulo), 2003, q. 92, a.1.
[66] Tomás de Aquino, op. cit., a.2, ad. 2.

samento, incidindo em nova e grave distorção. E isso se deve à influência de outro grego, Aristóteles, que ao considerar a sexualidade humana idêntica à dos animais, desconheceu o amor como a poderosa força que leva "o homem a deixar seu pai e sua mãe e se unir à sua mulher para os dois se tornarem uma só carne" (Gn 2:24).

A consequência de semelhante ideário, é que a literatura cristã, ao longo dos séculos, tratou o casamento mais sob o ponto de vista jurídico ou moral do que de seu conteúdo bíblico-espiritual, sem refletir a ideia de casal traçada pelo "livro das origens".

De certa forma, a hierarquia oficial foi conivente com o esquecimento da visão bíblica do casal. Não se levantou contra os casamentos arranjados entre os pais dos noivos, os de conveniência dinástica, os de boas alianças para os negócios e outros que tais. Até pelo contrário. Cardeais e bispos não celebravam, com toda a solenidade, muitos desses casamentos em que a liberdade de escolha não existia e, muito provavelmente, o amor? Isso para não falar da submissão das mulheres ao machismo, concepção que encontrava apoio em leitura deturpada, sobretudo do capítulo 11 da primeira epístola aos Coríntios e em Efésios 5:22.

E, no plano filosófico, a concepção aristotélica ao definir o homem como um "animal racional", acabou sendo manipulada, como observa Silvio Botero, para privilegiar o varão em detrimento da condição feminina, reduzida a uma posição subserviente e de inferioridade no casamento.[67]

É inegável, por outro lado, que o advento do individualismo liberal veio dar início a uma revolução nos usos e costumes matrimoniais. Em seu bojo, nasce o romantismo que, pouco a pouco, enaltecendo o tema do amor, ainda que marcadamente sentimental, consagra a liberdade de escolha amorosa dos noivos. O liberalismo jurídico, por seu turno, vai defender o rompimento do que tachavam de contrato matrimonial, dando foros jurídicos ao divórcio.

---

[67] Silvio Botero, *O amor conjugal: Fundamento do casal humano*, Santuário (Aparecida), 2001, p. 9. Tanto que o nosso velho Código Civil, em vias de reforma, reflete esta postura ao colocar o marido como chefe da sociedade conjugal (art. 233).

E a cada década que se passava, cada vez ficava mais distante a ideia de casal projetada pelo protótipo bíblico: aparecem, como nos nossos dias, os casais ajuntados, os da união de experiência, os que se juntam só no fim de semana, os que moram cada um em sua própria casa, os que temem o casamento porque este "esfria" o amor, os que se julgam tão liberais que não se importam com a fidelidade, os que se casam porque a moça ficou grávida e por aí vai. Talvez o arauto da mentalidade que permeia tudo isso tenha sido Vinícius de Morais com o seu celebrado verso ao falar do amor: "(...) Que seja infinito enquanto dure".

Concomitantemente, para apressar ainda mais o desaparecimento de qualquer sombra do casal ideado pelo Criador, toma conta da sociedade o mais desenfreado sexismo, propagado *ex abundancia* por todos os meios de comunicação. Sirva de exemplo o livro que foi a sensação da afamada Feira do Livro de Frankfurt de 2001 e que atingiu altíssima vendagem na França, agora traduzido para nossa língua, chamado *A vida sexual de Catherine M*, em que a sua autora, renomada crítica de arte francesa, chega ao ponto de declarar, sem rebuços: "Trepar para mim é um estilo de vida, a forma natural de conhecer a fundo as pessoas, amigas ou desconhecidas, não importa".[68]

A chamada "libertação da mulher", após a descoberta da pílula, rompe o resguardo que ainda existia nas mulheres por medo da gravidez: elas entram em competição com os homens na insaciável busca do prazer pelo prazer.

Não será, então, a hora oportuna de mostrar, sobretudo aos jovens, toda a beleza do sexo que João Paulo II desenvolveu em profundidade na sua admirável "teologia do corpo" como parte central de sua profícua *Catechesi sull'amore umano* anunciada durante os dezoito primeiros meses de seu pontificado?

Jack Dominiam, ilustre psiquiatra inglês, em Santiago de Compostela, dirigindo-se aos membros das Equipes de Nossa Senhora, lançou um verdadeiro brado, aplicável a todos os cristãos conscientes: *Vós sois a ponta de lança da igreja*. O cardeal Walter Kasper, em livro

---

[68] Catherine Millet, *A vida sexual de Catherine M.*, Ediouro (São Paulo), 2001.

publicado na década de 1970, advertia que, com respeito ao matrimônio, *abriu-se um amplo campo para a diaconia eclesial no sentido de capacitar os jovens para o amor a partir da fé.*[69]

Neste momento em que assistimos preocupados tantos fiéis debandarem da igreja, buscando nas seitas ou em religiões exóticas valores que não encontraram seja lá porque motivo entre nós, não será que chegou o tempo de pregar toda a beleza do que Deus deseja para a união do homem e da mulher?

Já antes mesmo do concílio, Jacques Leclercq fazia esta preciosa observação: *Como o matrimônio é o estado de vida em que vive a maior parte dos homens, Jesus deve ter visto nele o estado em que se deve santificar a maioria dos homens.*[70]

Nesta época, em que por diferentes maneiras a juventude está ansiosa de encontrar o amor e sequiosa de buscar valores mais altos, cabe a nós cristãos casados mostrar que o amor humano nos leva até Deus. Afinal, como diz frei Hildo Conte, *nada neste mundo revela tanto o Mistério de Deus, escondido desde toda a eternidade, quanto à comunhão de amor na relação homem e mulher. É pela linguagem sexual dos corpos que Deus "se transfere" para este mundo.*[71]

Por isso, João Paulo II disse, na exortação apostólica "Christifideles Laici" (CL), estas palavras tão incisivas que podem e devem ser tomadas como uma conclamação: *É urgente a necessidade de cada cristão viver e anunciar a mensagem de esperança contida na relação entre o homem e a mulher* (CL 52).

---

[69] Walter Kasper, *Teología del matrimonio cristiano*, Sal Terrae (Madri), 2014, p. 29.

[70] Jacques Leclercq, *A vocação do cristão*, Quadrante (São Paulo), s.d., p. 104.

[71] Hildo Conte, *A vida do amor: O sentido espiritual do Eros*, Vozes (Petrópolis), 2001,
p. 248, citando João Paulo II, in *Uomo e donna lo creò*.

# Um equívoco de três papas?

utro dia, em uma reunião de casais, convocada para trocar ideias sobre o matrimônio, o animador havia enviado, por antecipação, a cada um dos participantes a seguinte questão:

Baseado no livro do Gênesis (1:27, 2:23), o *Catecismo para adultos dos bispos de França* declara que "o amor conjugal é a única das bênçãos que restou preservada do Paraíso terrestre" (594). Tanto que vários autores como Henri Caffarel, Dionisio Borobio e Eugen Walter sustentam que o matrimônio é um caminho natural de santidade.

Daí Leão XIII recordar que "Inocêncio III e Honório III, nossos predecessores, puderam afirmar, sem temeridade e com razão, que o sacramento do matrimônio existe entre os fiéis e os INFIÉIS" (encíclica "Arcanum Divinae Sapientiae" 3 e 11).

É o caso de indagar qual a razão de tão inusitada afirmação? E quais as consequências práticas para a vida concreta do casal?

É claro que a questão suscitou uma enorme discussão. A maioria mostrou-se surpresa com a afirmação logo de três papas.

Talvez a dificuldade provenha de se tentar comparar a feição do matrimônio com a dos demais sacramentos.

Primeiro, é mister não esquecer que é o único sacramento que não é recebido individualmente, mas sempre a dois. Como também é o único cujo sinal sacramental supõe uma realidade humana vivencial anterior ao rito sacramental, o amor dos noivos. Ademais, todos os outros sacramentos têm uma feição religiosa, piedosa, sobrenatural, ao passo que o casamento visa fazer crescer uma realidade humana, o amor conjugal, *amorem naturalem perficere*, como declarou o Concílio de Trento. Não é só. Todos os seis sacramentos (salvo o batismo *in extremis*) supõem a presença de ministro ordenado. E, de modo geral (tirante a unção dos enfermos), são realizados na igreja, onde o altar ocupa o lugar principal. No matrimônio, como lembra o saudoso padre José Ribolla, Congregação do Santíssimo Redentor (CSSR), "o leito conjugal é o altar onde se celebra o sacramento do matrimônio".[72]

Todas estas diferenças são acrescidas pelo pouco conhecimento da doutrina matrimonial post-conciliar, como aponta, entre outros, Dionigi Tettamanzi e o próprio Henri Caffarel. Assim, uma melhor compreensão do casamento esbarra nas ideias e conceitos que sempre estiveram em nossa cabeça.

Não deixa por isso de parecer surpreendente que Leão XIII, ao abordar a "verdadeira origem do matrimônio" na encíclica "Arcanum" escrita exatamente *sobre a constituição cristã da família*, vá dizer, apoiado em dois de seus predecessores, "que o sacramento do matrimônio existe entre os fiéis e entre os infiéis", visto que "o próprio Deus o instituiu e foi desde o princípio como que uma imagem da Encarnação do verbo divino".[73]

Como os escritos do Antigo Testamento só "obtêm e manifestam o seu sentido completo à luz do Novo Testamento" ("Dei Verbum" 16/186), segue-se que a criação do casal humano (Gn 3:24) já prenunciava a Encarnação do Verbo. Daí Karol Wojtyla escrever, ainda antes

---

[72] José Ribolla, *Os sacramentos trocados em miúdos*, Santuário (Aparecida), 1990, p.116.
[73] "Arcanum Divinae Sapientiae" 3 e 11.

de ser papa, que o matrimônio é *sacramento de origem*, repetindo tal ideia várias vezes em suas alocuções. Chega mesmo a chamá-lo como *il sacramento piu antico* porque mantém intacto tudo que é peculiar e característico do *amor natural*, o que segundo o Catecismo é o sinal sacramental (1643). Tal dimensão, insiste João Paulo II, "constitui-se em um sacramento primordial entendido como o sinal que transmite eficazmente no mundo visível o mistério invisível nascido em Deus desde toda a eternidade", de tal modo que "todos os sacramentos da nova Aliança encontram, em certo sentido, o seu protótipo no matrimônio".[74]

Como bem explica Xavier Lacroix: "O amor humano é, ao mesmo tempo, não só revelador da Aliança divina com seu povo, como põe em evidência a profundidade da aliança humana", entre o homem e a mulher.[75] Tanto que se pode estabelecer um "paralelismo entre a eucaristia e a conjugalidade: enquanto na eucaristia o cristão celebra a Aliança 'sob as espécies' do corpo e sangue de Cristo, na vida conjugal vive-se, ao mesmo tempo, o sinal e a realidade 'sob as espécies' do corpo e da vida do outro cônjuge".[76]

Sem esquecer, como salienta João Paulo II, que "o corpo, de fato e apenas o corpo, é capaz de tornar visível àquilo que é invisível: o espiritual e o divino. O corpo (do homem e da mulher) foi criado para transferir, na realidade visível do mundo, o mistério escondido em Deus desde toda a sua eternidade e assim ser seu sinal".[77]

Ou como esclarece, com argúcia, frei Hildo Conte: "Nada neste mundo revela tanto o mistério de Deus, escondido desde a eternidade, quanto à comunhão de amor na relação homem-mulher. É pela linguagem sexual dos corpos que Deus 'se transfere' para este mundo.

---

[74] João Paulo II, *Uomo e donna lo creò: Catechesi sull'amore umano*, Libreria Editrice Vaticana/Città Nuova (Roma), 1985, pp. 91 e 340.

[75] Xavier Lacroix, *Le corps de chair: Les dimensions éthique, esthétique et spirituelle de l'amour*, Cerf (Paris), 2001, p. 284. É o que se pode ver, por exemplo, em Deuteronômio 24:5; Jeremias 2:2, 3:6-12, 31:1-5, 31-34; Ezequiel 16:23; Isaías 54:1-13, 62:5; Provérbios 5:16, 18:22, 31:10-31; Eclesiástico 25:1-2, 36:16-22; Tobias 6:18, 7:12.

[76] Lacroix, op. cit., p. 302.

[77] João Paulo II, op. cit., p. 375.

O matrimônio é o jeito que Deus inventou para trazer ao mundo aquilo que Ele é: amor, vida, graça, dom, comunhão...".[78]

Atente-se, ainda, para um ponto assaz importante, lembrado por Raniero Cantalamessa, Ordem dos Frades Menores Capuchinhos (OFM Cap), em excelente conferência: "O Espírito Criador age em todos os casais mesmo nos não crentes".[79]

Nem podia deixar de ser assim. Caso contrário, estaríamos concebendo o nosso Criador como um Deus "burocrata" que, para agir e amar os homens, estaria amarrado a preceitos canônicos promulgados pela igreja.

Será que todos os casais do Antigo Testamento que se amaram não foram bafejados pelo auxílio divino para que apesar dos percalços o amor deles crescesse? Será que o amor naqueles tempos era diferente do nosso?

Será que os casais do Povo Eleito não se amavam com alegria, ternura, paixão, prazer, doação e comunhão? Como, então, foram capazes de cantar toda a beleza do amor humano compondo os epitalâmios que, inspirados por Deus, formam a maravilha poética do "Cântico dos Cânticos", considerado pelo famoso teólogo Edward Schillebeeckx, OP, como o "evangelho erótico"?

Que dizer dos primeiros casais cristãos? Segundo a célebre carta a Diogneto, escrita por volta de 150, ali se declara que "os cristãos casam-se como todos os outros", como os pagãos. E por acaso deixaram de receber a graça sacramental só porque, àquelas alturas, nem se sabia que o matrimônio era um sacramento?

Não vamos esquecer que só depois do século XI é que se começou a discutir a sacramentalidade do casamento.[80] Foi apenas no

---

[78] Hildo Conte, *A vida do amor: O sentido espiritual do Eros*, Vozes (Petrópolis), 2001, pp. 243 a 250; ver também Henri Denis, *Le mariage, um sacrement pour les croyants?* Cerf (Paris), 1990, p. 192; Jacques Leclerq, *El matrimônio cristiano*, Rialp (Madri), 1955, p. 145; Edward Schillebeeckx, *O matrimônio*, Vozes (Petrópolis), 1969, p. 40.

[79] *Orar*, Revista OCD, n. 32, outubro-dezembro de 2003, p. 59.

[80] Ver Edward Schillebeeckx, *O matrimônio*, Vozes (Petrópolis), 1969, p. 189; Emilio Aliaga Girbés, *Compendio de teología del matrimonio*, Edicep (Valencia), 1991, p. 91.

Concílio de Florença (1442) que o laço matrimonial foi definido como sacramental. Assim mesmo, sem se esclarecer qual era o sinal do sacramento. Isso só veio ocorrer no Tridentino (1545-1563), quando os padres conciliares declaram como finalidade do sacramento:

Amorem naturalem perficere
Coniugesque Santificare.

O que significa que a finalidade do sacramento é "aperfeiçoar o amor natural entre os cônjuges e assim santificá-los".

Note-se, como o faz Rey-Mermet, "que em parte alguma vemos Cristo instituir o matrimônio cristão. Interpelado pelos judeus sobre o matrimônio, remete-os 'ao princípio' (Mt 19:3-8), isto é, ao amor natural, ao plano primitivo do Deus Criador".

E, logo a seguir, faz uma preciosa advertência: "Não damos bastante atenção a isso, acostumados por demais a reconhecer apenas os valores que são explicitamente sacralizados pela Igreja e esquecemos que é para o matrimônio natural que o Senhor remete judeus e discípulos".

E aduz para melhor explicitar o assunto a declaração, surpreendente à primeira vista, de Leão XIII, apoiado em Inocêncio III e Honório III, na encíclica "Arcanum": "Que o sacramento existe entre os infiéis".[81]

João Paulo II, seguindo a mesma trilha, em discurso à Rota Romana (30 de janeiro de 2003), declara: "Antes mesmo que a Encarnação do verbo se realizasse historicamente, a eficácia de santidade (do matrimônio) já era concedida à humanidade". Ao fazer tal declaração, João Paulo II estava estribado em Leão XIII que, na citada encíclica, afirmou: "Em seu estado de inocência original, Adão e Eva já possuíam o dom sobrenatural da graça. Assim, antes mesmo que a Encarnação do Verbo se realizasse historicamente, a sua eficácia de santidade já era concedida à humanidade".[82]

---

[81] Cf. Théodule Rey-Mermet, *A fé explicada aos jovens e adultos*, v. 2, Paulinas (São Paulo), 1983, p. 255.

[82] *La Documentation catholique*, Bayard Presse (Paris), n. 2287, 2 de março de 2003, p. 226.

Com outras palavras, o Vaticano II ensina à mesma coisa: "Aqueles que sem culpa ignoram o Evangelho de Cristo e a sua Igreja, mas buscam a Deus e tentam, sob o *influxo da graça,* cumprir por obras a Sua vontade, conhecida através da consciência, podem conseguir a salvação".[83]

Em conclusão: a afirmação acerca da existência do sacramento "entre os infiéis", é surpreendente apenas na aparência e reveladora, por outro lado, de como o sacramento do matrimônio continua pouco conhecido na igreja. Esquecem, tanto aqueles que se casam como a imensa maioria dos que pregam, falam ou escrevem sobre o tema um aspecto básico, sem o qual o sacramento perde o sentido. Ou melhor, deixa de existir. O que é sagrado e gerador da graça divina é "o amor natural", tal como a "Familiaris Consortio" (FC) deixou bem claro e patente:

> O efeito primeiro e imediato do sacramento
> (*res et sacramentum*) não é a graça sobrenatural
> propriamente, mas o vínculo conjugal cristão
> com as características normais do *amor conjugal*
> *natural* (FC 13, in fine).

É o que Battista Borsato soube colocar em admirável síntese, inclusive no que se refere às consequências práticas na vida do casal:

> O Amor é o próprio Deus e, onde houver amor,
> Deus vive e se faz presente; daí a possibilidade
> de intuir algo de sua imensidade e profundidade.
> É o amor que é sacramento de Deus! Não o contrato
> nem a forma jurídica, quer civil, quer religiosa,
> que se podem arrogar o direito de serem expressão
> de Deus. A forma jurídica ou litúrgica pode
> concorrer para exprimir ou incentivar o amor,
> nunca porém para substituí-lo.

---

[83] "Lumen Gentium" 16/42.

Se o amor é sacramento de Deus, quanto mais autêntico for e humanamente pleno, tanto mais sacramento se torna. O sacramento não é um elemento exterior que se acrescenta ao amor, como se fosse uma benção.[84]

Por isso, os casais que se amam verdadeiramente sabem por que "o casamento é o que resta, sobre a terra, do Paraíso terrestre", como declara antiga liturgia da Igreja Ortodoxa, citada no catecismo dos bispos da França.

---

[84] Battista Borsato, *O sacramento do matrimônio: Caminho de redescoberta*, Loyola (São Paulo), 1995, p. 49.

O ser conjugal

Algum tempo atrás, participamos de uma missa organizada por e *para casais*. A igreja estava repleta de gente casada. Três sacerdotes incumbiram-se da cocelebração. O presidente, jovem e animado, deu uma feição toda especial à liturgia. Preparou gestos tocantes. Fez um belo e frutífero sermão, comentando, de maneira prática e animadora, as duas leituras. Indiscutivelmente, independente do valor que a liturgia traz em si mesma, a celebração foi enriquecedora para a vida espiritual dos indivíduos masculinos e femininos que lá estavam. Como o presidente da assembleia pertencia às Equipes de Nossa Senhora – e a grande maioria dos participantes era inscrita naquele movimento –, todo o sermão girou sempre em torno de dois polos: *o indivíduo e a comunidade*. Mas não esqueçamos que a missa era destinada a casais, pois, como dissemos, todos os que ali estavam eram unidos pelo sacramento do matrimônio. O foco de toda a celebração e, sobretudo, as palavras proferidas, deviam estar voltadas para esta grande realidade – *sacramentada*, inclusive – que é o CASAL.

Ora, tem passado desapercebido para a imensa maioria da igreja – incluídos aí bispos e padres – que o casal é um NOVO SER na constituição ontológica da igreja, ainda que isso só tenha sido percebido depois do Vaticano II. E, pelo que nos parece, graças ao profético cônego Henri Caffarel na colaboração que mandou aos padres conciliares, como consultor da Comissão Preparatória, posteriormente publicada no *L'Anneau d'Or* por insistência de muita gente.

Aliás, bem antes do concílio, após indagar *que relação há entre o amor humano e o amor de Deus?*, o próprio Caffarel vai responder: *No matrimônio é, pois, a vida conjugal – e eu devia dizer* O SER CONJUGAL *– que fica ligado a Cristo e lhe pertence incondicionalmente.*[85]

Aliás, o episcopado italiano em seu documento pastoral "Evangelizzazione e sacramento del matrimonio", repete o conceito que Caffarel antecipara: *No encontro sacramental – propiciado pelo matrimônio – Jesus Cristo confere aos esposos um novo modo de ser pelo qual eles são como configurados a um estado de vida* PARTICULAR *dentro do povo Deus.*[86]

Por isso, assevera Caffarel, é o ser conjugal *que fica ligado a Cristo e lho pertence* (Caffarel, *O amor e a graça*, p. 61); "assim como o batismo une o batizado ao Cristo, o casamento liga ao Cristo a comunidade conjugal". Cristo diz, então, ao casal: Vem e segue-me.[87] E acrescenta este belíssimo e profundo pensamento: "Os esposos serão sustentados por outra força, por aquela mesma força que mantém os mundos no espaço". Daí acrescentar: "Cristo não estará somente junto deles, mas NELES".[88]

O concílio viria em 1965 confirmar esta lição que o padre Caffarel havia dado lá na década de 1950: *O autêntico amor conjugal é assumido no amor divino e é guiado e enriquecido pelo poder redentor de Jesus Cristo.*[89]

Porquanto, tal como se passa com outros sacramentos, o "matrimônio instaura uma vida consagrada, isto é, uma vida que não so-

---

[85] Henri Caffarel, *O amor e a graça*, Flamboyant (São Paulo), 1962, pp. 54 e 61.

[86] Documenti CEI, n. 15, p. 22; "Lumen Gentium" 11; ver também Gustave Leclerc, "Matrimonio sacramento come realtà costituitiva di un nuovo modo di essere nella Chiesa" in *Realtà e valori del sacramento del matrimonio*, Las (Roma), 1976, p. 75.

[87] "Lettres à de jeunes foyers", apud Jean Allemand, *Henri Caffarel: Um homem arrebatado por Deus*, Equipes de Nossa Senhora (São Paulo), s.d., p. 41.

[88] Allemand, op. cit., p. 56.

[89] "Gaudium et Spes" 48/351.

mente vem de Deus e vive de Deus, mas que volta incessantemente a Ele, tornando-o apto ao culto divino" (Caffarel, op. cit., pp. 62-63).

Talvez as palavras de monsenhor Guy Thomazeau, em texto aprovado pela Conferência Episcopal da França, sejam ainda mais incisivas: "A dignidade do matrimônio é tão grande que a Igreja o celebra como um sacramento da Fé, da presença atuante de Cristo ressuscitado, o que *não acontece com a profissão religiosa*, por mais bela que ela seja".[90]

Por isso, o padre Caffarel assevera que "o amor humano não é somente santificado mas SANTIFICANTE" (Caffarel, *O amor e a graça*, p. 39) porque *a santidade do amor é* O AMOR MESMO (Caffarel, op. cit., p. 60).

João Paulo II, em sua exortação apostólica "Familiaris Consortio", vai mostrar que este amor "é o meio original de santificação dos cônjuges", de onde "nascem a graça e a EXIGÊNCIA de uma autêntica e profunda *espiritualidade conjugal*".[91]

É de toda a justiça reconhecer que na igreja de Deus foram alguns poucos casais, orientados por Henri Caffarel, que receberam a inspiração da espiritualidade própria dos homens e mulheres que, por formarem o *ser conjugal*, têm uma vivência espiritual diversa daquela vivida pelos celibatários, sejam eles monges, freiras ou padres. Tal inspiração levou-os a fundarem as Equipes de Nossa Senhora, o primeiro movimento surgido para casais. Depois, mercê de Deus, vieram outros para que seja possível aos casados escolherem o caminho que corresponde à vocação de cada um, tal como um jovem ou uma moça que ao sentirem um chamado para a vida religiosa podem escolher entre beneditinos, franciscanos, jesuítas ou outra família religiosa.

Foi em função desse pioneirismo que os fundadores das equipes fizeram questão de enunciar o *carisma* que receberam do Espírito declarando: "A razão de ser do Movimento, *seu fim* é de levar seus membros a conhecer a espiritualidade conjugal e a vivê-la".[92]

---

[90] *Alliance*, n. 114, novembro-dezembro de 1997, p. 69.
[91] "Familiaris Consortio" 56.
[92] *Lettre Mensuelle*, edição especial, abril de 1997, p. 2.

É bem fácil perceber que, depois de séculos em que só se pregou uma espiritualidade voltada para indivíduos, sobretudo tendo como referência os religiosos – aqueles que escolheram o que chamavam "estado de vida perfeito" – aceitar, admitir e pregar uma nova espiritualidade é tarefa árdua e difícil. Mesmo porque "esta espiritualidade está ainda, sem dúvida, apenas em sua primavera", como escreve monsenhor Thomazeau.

Muito mais direto, incisivo e objetivo é Dionigi Tettamanzi, antigo cardeal de Milão: *"No âmbito da teologia dos sacramentos, a situação em que se encontra a maneira de tratar o sacramento do matrimônio é a mais desvantajosa (piú scomodi)* até mesmo no contexto da renovação trazida e estimulada pelo Concílio Vaticano II".[93]

A Congregação para a Educação Católica do Vaticano nas diretrizes para a formação dos seminaristas, depois de lamentar "a *negligência* com que tem sido tratadas tarefas propostas pelo Vaticano II e documentos posteriores" conclama os seminários a apresentarem *"acima de tudo* uma exposição teológica mais completa e profunda da verdade sobre a família e a *espiritualidade conjugal"*.

Não foi sem razão, portanto, que o padre Caffarel, em 1972, ao término de sua última e profícua viagem ao Brasil, na reunião final de avaliação das várias atividades, chegou a dizer estas preocupantes palavras: "Não estou certo que os equipistas tenham bem compreendido *o que significa a espiritualidade conjugal*. Há uma grande preocupação pela vida espiritual, marido e mulher individualmente. Mas a espiritualidade conjugal é *mais* do que duas espiritualidades individuais *vividas juntas*. Há um mistério do casal que é preciso aprofundar. É fonte de graças.[94]

E concluía sua visita às equipes do Brasil, que ele tanto amava, concitando os casais a descobrirem a espiritualidade que brota do ma-

---

[93] Dionigi Tettamanzi, *La famiglia via della chiesa*, Massimo (Milão), 1992, p. 52; ver também Esther Brito Moreira de Azevedo e Luiz Marcello Moreira de Azevedo, *O matrimônio: Para que serve este sacramento?*, Vozes (Petrópolis), 1997, p. 10.

[94] Nancy Cajado Moncau, *Equipes de Nossa Senhora no Brasil: Ensaio sobre o seu histórico*, Nova Bandeira (São Paulo), 2000, p. 124.

trimônio para que, assim, estudando, refletindo, meditando e colocando em comum as suas experiências tornem as equipes o que, desde o começo, elas pretenderam ser: "laboratórios" onde se aprende e se procura viver esta grande novidade, a espiritualidade conjugal. E não um movimento que procure ajudar os seus membros a crescerem espiritualmente apenas como marido, de um lado, e esposa de outro, mas, isso sim, os dois juntos como um novo ser, o "ser conjugal", o casal.

Não nos esqueçamos, de forma alguma, que logo no começo de seu pontificado, em Puebla, João Paulo II lançou um verdadeiro grito que depois repetiu na "Familiaris Consortio": *O futuro do mundo e da Igreja passa através da família* (FC 75). E o da família passa pelo casal, pedimos licença para acrescentar.

É justamente por causa da admoestação de João Paulo II e do mais que aqui se disse, que estranhamos, na missa de início invocada, que nada fosse dito acerca desta importante validade, o ser conjugal, ainda mais em uma missa para casais!

O casal, imagem viva da Trindade

ontam – não sei se é lenda ou verdade – que Santo Agostinho, de certa feita andando pela praia, encontrou um menino agachado com uma concha na mão, tirando a água do mar para, em seguida, derramá-la em um pequeno buraco aberto na areia. Intrigado, Agostinho indagou à criança o que ele pretendia fazer. Esta foi logo esclarecendo: "Quero colocar toda a água do mar neste buraco". Agostinho, com um sorriso de lástima, retrucou: "Mas isso que você pretende é uma loucura, um verdadeiro absurdo!". Ao que o menino, de imediato, respondeu: "É tanta loucura e tão absurdo como você querer, racionalmente, com seus raciocínios, entender o mistério da Santíssima Trindade". O menino era um anjo.

Fica aí registrada a passagem. Bem ilustrativa, para mostrar como é a pobreza do intelecto humano e sua limitação. De fato, ele não é apto para explicar uma noção que, de per si, é de dimensão infinita. Dela pode o homem apenas aproximar-se, de alguma maneira, através de imagens e comparações, para abismar-se com a eloquente grandiosidade de tão sublime mistério.

Outro dia, ao ler uma revista, encontrei a abordagem com que frei Raniero Cantalamessa, capuchinho, trata o assunto: *As três pessoas da Santíssima Trindade amam-se mutuamente e são absolutamente dom uma para outra e absolutamente acolhida, uma pela outra, de tal forma que formam a unidade perfeita: são três pessoas em um só Deus.*

55

O texto formulado pelo capuchinho é, sem dúvida, profundo e belo. Merece uma boa reflexão. Mais do que isso, uma verdadeira meditação.

Ao meditá-lo, seria bom recordar, junto com outro frade, este gaúcho e franciscano, Hildo Conte, que "o casal humano é a *profecia do mistério do Deus Trinitário*". Vale dizer, o próprio Deus, para dar ideia à pobreza da inteligência do homem acerca do que Ele é, preferiu, ao revés de palavras, dar-lhe uma imagem bem viva ao alcance de todos os homens, mesmo aos iletrados. Para isso, criou o ser humano "à sua imagem e semelhança", isto é, *capaz de amar*, tanto que "os criou macho e fêmea"[95] para que, pela atração ditada pelo amor, "os dois se tornassem uma só carne = pessoa".[96]

Ao unirem-se, um entrega-se ao outro, mas ao mesmo tempo acolhe o outro, de tal maneira que um já não pertence integralmente a si mesmo, mas ao outro. Um é dom para o outro porque, entre eles, existe o amor que faz com que os dois se tornem um só. O casal é, assim, unido pelo Amor: três pessoas que formam uma só, a *pessoa conjugal*.

É um grande engano, portanto, pensar, como alerta frei Raniero, que o casamento "acontece a dois". E o engano ocorre porque, na verdade, "por sua própria natureza, acontece a três e não só no altar da igreja – e isso é o importante – porém, no *altar da vida*".[97]

Como símbolo exemplar da afirmação, um autor medieval vai apelar para algo que, todo o dia e tantas vezes, une o casal, o encantamento do abraço: *Este deleite mútuo, este doce gesto de amor, esta unidade inseparável, este fazer de dois um só, este reencontrar do ser nesta unidade singular, tudo o que podemos chamar de bom e cheio de alegria e doçura, tudo isso é o Espírito Santo*.[98]

Pode-se assim dizer, que o matrimônio é a imagem viva que permite ao ser humano vislumbrar, não de maneira abstrata, mas na existência concreta, a essência do mistério da Santíssima Trindade.

---

[95] Gênesis 1,27
[96] Gênesis 2,27
[97] Cf. *Revista* OCD, n. 32, outubro-dezembro de 2003.
[98] Ibid.

Os primeiros cristãos casavam-se na igreja?

A publicação das Equipes de Nossa Senhora denominada *Carta Mensal* de outubro de 2003, na sua p. 32, publicou um texto nosso extraído do jornal *Mensageira*, de José Bonifácio, que "deu o que falar". Cartas de protesto, em termos veementes, indagavam: como se pode afirmar que *os primeiros cristãos casavam-se apenas no civil?* Cremos, assim, ser nossa obrigação esclarecer o assunto.

Lá pelo ano 150, alguém escreveu uma carta que ficou célebre pelo nome de seu destinatário: Diogneto. A tal carta tornou-se muito importante para se conhecer alguma coisa do modo de vida dos primeiros cristãos. Seu desconhecido autor fez questão de esclarecer, dentre outras coisas, que: *Os cristãos não se distinguiam dos outros homens*. Para deixar isso bem claro, apontou um fato que lhe pareceu relevante e sintomático: *Eles casam-se como todos os outros*.[99]

Não destoando dessa constatação, lembremos que o célebre Sínodo de Elvira, na Ibéria, realizado em 306, em seu cânon 54, mandava que *os casamentos de cristãos batizados fossem celebrados como dos pagãos não batizados*, pois, como adverte Edward Schillebeeckx, OP, em obra clássica, *considerava-se supérflua a intervenção clerical pois, antes de tudo, o matrimônio era visto como uma realidade terrena a ser vi-*

---

[99] Cf. texto in Jean Comby, *Para ler a história de igreja*, v. 1, Loyola (São Paulo), 1993, p. 38.

vida no Senhor. Em outra passagem, pouco mais adiante, esclarece de forma peremptória: "O contrato matrimonial era considerado como um ato diretamente profano nos primeiros séculos cristãos". Por isso, não se conhecia, neste tempo, *o matrimônio em "presença da Igreja" (in facie Ecclesiae)*. Era "um assunto civil e familiar. É somente no século quarto que se pode encontrar, em algumas cidades, prova da oração e da benção sacerdotal na celebração das bodas", sempre realizadas no interior da casa paterna da noiva.[100] É bom lembrar, para bem entender a afirmação, que "profano" ao tempo dos romanos, de acordo com sua etimologia (*pro* = fora + *fanus* = templo, da mesma maneira que se diz "pro forma", isto é, fora da forma usual) significava tudo que era realizado para além dos muros do edifício sagrado.

Não foi por outro motivo que São João Crisóstomo (344-407), na sua longa "homilia XII, sobre a epístola aos colossenses", onde trata do "mistério do matrimônio", não diz uma só palavra sobre qualquer rito ou liturgia do casamento. Até pelo contrário, limita-se a criticar, com palavras duras, "a festa de bodas, causa de grandes males por estar cheia de licenciosidade, grosserias e palavras chulas em grau superlativo".[101] Sobre uma possível liturgia ou mesmo um simples rito eclesial, com a presença do clero, Crisóstomo não diz uma só palavra.

Nem podia ser diferente. Por duas razões. A primeira é que as comunidades cristãs primitivas nasceram no meio judaico rabínico antes de espalharem-se pelo mundo greco-romano. Ora, na religião judaica o casamento, sem dúvida, ocupava uma importância fundamental: estava vinculado à promessa originária feita à Abraão (Gn 12:3, 13:15), mas não estava vinculado a uma cerimônia específica a ser realizada no templo ou na sinagoga. Basta tomar como exemplo o casamento de Tobias.[102]

A leitura deste texto mostra, com toda a clareza, que o consórcio de um homem com uma mulher era assunto sagrado – ligado

---

[100] Ver Edward Schillebeeckx, *O matrimônio*, Vozes (Petrópolis), 1969, pp. 198 e 200.
[101] In *Biblioteca de Patrística*, v. 39, Ciudad Nueva (Madri), 1997, pp. 142-149.
[102] Tobias 7:9-14, 8:4-9.

à lei de Moisés – mas de natureza exclusivamente privada, familiar: *Tomando a filha pela mão entregou-a a Tobias, dizendo: "Recebe-a conforme a lei e a sentença escrita no livro de Moisés, segundo o qual ela te é dada como esposa". A seguir mandou que se trouxesse uma folha de papiro para lavrar o registro do casamento.*[103]

Aliás, é só ler os textos do evangelho referentes ao casamento de Maria e José para constatar que, tanto em Mateus como em Lucas, não há qualquer referência ao que hoje chamamos uma "cerimônia religiosa", realizada no recinto do templo em Jerusalém ou da sinagoga de Nazaré.[104]

Não bastasse isso, era só ler a referência a um casamento célebre, realizado em Caná da Galileia, para o qual "Jesus e os discípulos foram convidados". E "a mãe de Jesus estava lá", com toda a evidência, em uma casa de família onde chegou a faltar o vinho. Ao que consta, não chamaram um sacerdote para presidir a festa que, indubitavelmente, realizava-se em uma simples moradia, bem dentro do espírito da Torá.[105]

A segunda razão para justificar o que ficou dito na carta a Diogneto – "os cristãos casam-se como todos os outros" – está radicada na vigorosa expansão da nova religião. É sintomático que: "Passados vinte anos ou menos, qualquer centro importante em torno do Mediterrâneo podia ostentar ao menos um grupo de seguidores".[106]

O historiador antigo Eusébio de Cesareia chega a dizer que Tomé alcançou o reino dos partos que corresponde, hoje, ao conturbado território do Irã.[107] O importante, no entanto, é ter presente que o preponderante em toda esta expansão, sobretudo nos primeiros séculos – no tempo de Diogneto, portanto – é que a catequese cristã seguiu pelas admiráveis estradas que cortavam e unificavam o Impé-

---

[103] Tobias 7:12-14.

[104] Mateus 1:18-24; Lucas 1:26-38.

[105] Ver Gérard Mathon, *Le mariage des chrétiens: Du Concile de Trente à nos jours*, v. 1, Desclée de Brouwner (Paris), 1993, p. 10 e ss.

[106] Cf. John Drake, *A igreja primitiva*, Paulinas (São Paulo), 1985, p.11

[107] Jean Comby, *Para ler a história da igreja*, v. 1, Loyola (São Paulo), 1993, p. 17

rio Romano. Os missionários, contudo, ao chegarem aos diferentes lugares – Antioquia, Corinto, Éfeso, Alexandria, entre outros – encontraram povos imbuídos dos costumes e da cultura greco-romana. Ademais, não se pode perder de vista que de cada cinco judeus, quatro viviam na diáspora, onde não ficavam infensos à cultura dominante.[108]

Ora, se havia algo que marcava profundamente a visão greco-romana do mundo era o acendrado apego à família. Tanto que, até hoje em nossa terra, herdeira de civilização romana, a casa familiar é chamada de *lar* porque, na concepção romana, a casa era definida como a habitação dos *dii Lares*, os deuses do lar, em cuja honra crepitava sempre no altar doméstico o fogo sagrado (*focus domesticus*) para cultuar os *Patri familiae*, os antepassados.

A religião doméstica deixou tal influência naquela gente que, até em nossos dias, temos costumes herdados de Roma. Basta lembrar que a noiva veste-se de branco, orna-se com a grinalda, porta um buquê de flores nas mãos, troca alianças e, na festa, os noivos partem um bolo branco que, na Roma antiga, era chamado de *panis farreus*. Era, assim, o casamento considerado como sacrossanto, tanto que os juristas, ao defini-lo, disseram *nuptiae sunt divini atque humanae juris participatio* (as núpcias participam tanto do direito divino como do humano, Digesto, XXIII, 2).

Apesar de toda esta importância, como mostrou profunda e profusamente Fustel de Coulanges em obra clássica – até a década de 1940, de leitura obrigatória nos estudos humanísticos – *a cerimônia de casamento não tinha lugar num templo, mas sim em casa, sendo que o deus doméstico é que a presidia*.[109]

Diante de um quadro cultural como esse, fundamento enraizado na mentalidade do *mundus romanus*, ninguém pode estranhar que os primeiros "cristãos casavam-se como os outros", como os pagãos, em casa, sem ir à igreja. Até porque a arquitetura do matrimônio, como sacramento, só começou a ser elaborada a partir do século XI. Antes

---

[108] "Bible's time" in National Geographic Society, p. 267

[109] Numa Denis Fustel de Coulanges, *A cidade antiga*, v. I, Livraria Clássica (Belo Horizonte), 1971, p. 61.

disso, alguns bispos preparavam bênçãos e orações a serem recitadas na celebração familiar. O grande Isidoro de Sevilha, por exemplo, preparou uma *benedictionen thalami*, uma benção para a cama do casal, o que, com toda a evidência, não podia ser dada dentro da igreja... Assim, quando no artigo publicado pela *Carta Mensal* das Equipes de Nossa Senhora n. 376, de outubro de 2002, afirmou-se que "os primeiros cristãos casavam-se apenas no civil, sem necessidade de ir ao templo", usou-se – de forma imprecisa, talvez – uma linguagem de hoje para significar que o casamento, instituição sagrada desde sua criação, não dependia para a sua realização e para gerar a graça que lhe é inerente, nem da presença do clero, nem uma cerimônia realizada na igreja – templo público –, ficando adstrita à *Ecclesia Domestica*.

A espiritualidade do casal: seu fundamento

Fomos convidados, outro dia, a participar de uma reunião de casais cristãos muitos interessados em sua vivência espiritual. Recebemos, por antecipação, o programa do encontro. Logo depois da abertura, estava previsto um *momento de espiritualidade*. E o roteiro precisava que, além da invocação ao Espírito Santo, os casais eram convidados a meditar em voz alta o evangelho do dia. Seguia-se a colocação de intenções pelas quais os participantes rezariam uma dezena do terço, após o que cantariam o "Magnificat". Só após, entrariam na discussão do assunto de antemão proposto.

Ao depararmos no programa com o tal "momento de espiritualidade", acabamos nos fazendo uma pergunta: será que a espiritualidade consiste, tão só, em rezas e orações, atos piedosos e práticas devocionais, na leitura da Bíblia e na assistência à Santa Missa?

Ao surgir, na nossa cabeça, a indagação, lembramo-nos que para muita gente essa é a ideia que se faz da espiritualidade.

Será acertada?

Para chegar a uma boa resposta, comecemos colocando outra indagação: alguém tem dúvida de alguma outra pessoa que, em sua existência, tenha mais praticado a espiritualidade que José, Maria e Jesus?

É o caso, então, de perguntar se São José, enquanto serrava as tábuas para fazer um móvel, não estava vivendo a sua espiritualidade?

E o seu filho Jesus, quando o ajudava na pequena oficina de Nazaré, deixava de lado a espiritualidade? E Maria, em sua faina diária de preparar a comida, deixava o pão torrar porque ficava rezando salmos ao invés de olhar o forno? E na festança de bodas, em Caná, Maria e Jesus estavam lá a entoar cânticos ou a recordar os sermões de Moisés, registrados no Deuteronômio? Ou estavam na festa a conversar alegremente com os convivas? Tanto que, quando faltou o vinho, Maria não teve dúvida em apelar, pela primeira vez, aos poderes de seu Filho. Ela bem sabia que, um dia, o salmista havia dito: "O vinho alegra o coração do homem".[110]

Logo, nenhum dos dois estava ali como se estivesse se comportando, piedosamente, na igreja...

Não foi sem razão, pois, que João Paulo II, ao falar sobre o papel dos leigos, não teve dúvidas em dizer: *Nem os cuidados familiares, nem as ocupações profanas devem ser alheias à vida espiritual. As atividades da vida cotidiana são uma ocasião de união com Deus.*[111]

Ao falar assim, ele estava sendo fiel ao que o Concílio Vaticano II ensinara: "Todos os fiéis cristãos nas condições, ofícios ou circunstâncias de sua vida e através disto tudo, no dia a dia, mais se santificarão se, com fé, tudo aceitam da mão do Pai celeste e cooperam com a vontade divina".[112]

Pregou o concílio uma novidade? Não, pois o apóstolo Paulo já havia alertado os fiéis de Corinto:

Quer comais, quer bebais,
quer façais qualquer *outra coisa,*
fazei tudo para a glória de Deus (1 Cor 10:31).

Aos colossenses, recordou a mesma coisa:

Tudo o que fizerdes,
por palavra ou ação,

---

[110] Salmos 104:15.
[111] "Christifidelis Laici" 17.
[112] "Lumen Gentium" 41/109.

fazei-o sempre em nome
do Senhor Jesus (Cl 4:17).

É fácil perceber, portanto, o grave engano daqueles que julgam a espiritualidade consistir apenas em orações ou atitudes cercadas de piedade, com "odor de santidade", para repetir a expressão irônica do padre Henri Caffarel.

Uma nova espiritualidade?

Todavia, no que tange às pessoas casadas, é mister nunca esquecer a judiciosa advertência de Henri Caffarel – um dos fundadores e grande inspirador das Equipes de Nossa Senhora, hoje espalhadas pelo mundo:

> Oração, caridade, abnegação, pobreza, castidade, apostolado se impõem a todo cristão, casado ou não, mas estas virtudes não serão vividas por cristãos casados da mesma forma que por monges.[113]

Quem se der ao trabalho de olhar o Anuário Pontifício de 2003,[114] verá que a advertência do padre Caffarel encontra pleno respaldo nas estatísticas. Senão, vejamos a distribuição do povo católico no mundo:

Bispos	4.649
Presbíteros	405.067
Religiosos não ordenados	54.970
Religiosos	792.317
Institutos seculares	31.512
	1.288.515 = religiosos

---

[113] Henri Caffarel, *A missão do casal cristão*, Loyola (São Paulo), 1990, p. 53.

[114] REB – *Revista Eclesiástica Brasileira*, Instituto Teológico Franciscano (Petrópolis), abril de 2003, p. 409.

Ora, a população católica nos quatro continentes gira em torno de 1.061.000.000 segundo o anuário. Se fizermos as contas, veremos que os chamados "clérigos e religiosos" representam nada mais que 0,1214% do povo de Deus! Como, então, querer impor a 99% do povo um tipo de espiritualidade que, ao correr dos séculos, sempre foi elaborada por e para gente que não optou pelo casamento?

Em conferência pronunciada em Chantilly, na França, no dia 3 de maio de 1987, dirigida aos casais dirigentes das equipes nas diversas regiões da Europa, o padre Caffarel perguntava: *Como viver, no estado de casados, todas as exigências da vida cristã?* E alertava, então, *"para a necessidade de elaborar* uma espiritualidade para os cristãos casados".

Caso contrário, lembrava ele, *estaríamos condenados a um impasse: os casais jamais iriam longe no caminho da santidade se continuassem presos a uma espiritualidade de monges.* Por isso, recordando e resumindo o carisma orientador da fundação das Equipes de Nossa Senhora repetiu, com insistência:

> **Era necessário e indispensável
> elaborar uma espiritualidade do casal.
> Não podia ser a espiritualidade**
> *do celibatário ou do monge.*[115]

Mesmo porque, lembrava o padre Caffarel, em 1958, para um insuspeitável auditório – as mestras de noviças de vários institutos religiosos de Paris:

> **Todo cristão é chamado à santidade e a
> espiritualidade é a rota, o caminho, para se chegar
> à santidade. Mas o que caracteriza e especifica as
> diversas espiritualidades? Antes de mais nada o
> ESTADO-DE-VIDA.** É mais do que evidente, então,
> que a doutrina cristã, que é a mesma para todos, não

---

[115] Henri Caffarel, *O carisma fundador das ENS*, Equipes de Nossa Senhora (São Paulo), 2006, pp. 12 e 150.

pode ser vivida da mesma maneira por um monge,
por uma religiosa dedicada ao ensino, por um
membro de um Instituto Secular e POR UM HOMEM
E UMA MULHER CASADOS. Há uma espiritualidade
particular para cada um desses diferentes estados.[116]

Consentâneos com tão fundamental preocupação, lá no longínquo 1939, os fundadores das equipes procuraram *desde o princípio descobrir o pensamento de Deus sobre o casal e sobre todas as suas realidades* para que, assim, *o ensinamento da Igreja não ficasse desligado das realidades concretas.*[117]

Quem conhece a espiritualidade conjugal?

Mas será que mesmo os membros das equipes aprenderam realmente em que consiste a espiritualidade do cristão que vive no "estado-de-vida" matrimonial?

Em 1972, no Rio de Janeiro, ao final de sua última visita ao Brasil, padre Caffarel lançou esta inquietante advertência:

Não estou certo que os equipistas tenham
bem compreendido o que é
a espiritualidade conjugal.[118]

É preciso confessar, sem rebuços, que a afirmação nos causou surpresa e preocupação. Afinal de contas, naquelas alturas, pertencíamos ao movimento há quase vinte anos. Já havíamos trabalhado nas

---

[116] *L'Anneau d'Or*, Édition du Feu Nouveau (Troussures), n. 84, novembro-dezembro de 1958, pp. 425-426.

[117] Henri Caffarel, *O carisma fundador das ENS*, Equipes de Nossa Senhora, (São Paulo), 2006, pp.10-11.

[118] Nancy Cajado Moncau, *Equipes de Nossa Senhora no Brasil: Ensaio sobre o seu histórico*, Nova Bandeira (São Paulo), 2000, p. 125.

mais diferentes funções. Éramos, inclusive, o casal responsável pela direção das equipes no Brasil. Havíamos, até mesmo, participado de cinco sessões de formação dirigidas pelo próprio Caffarel. Uma delas de sete dias, em Roma, junto com vinte casais escolhidos nos diferentes países em que haviam equipes.

Claro que havíamos aprendido muitíssima coisa sobre a vida espiritual do casal. E havíamos, sem dúvida, aproveitado imensamente de toda essa riqueza. Lá no fundo da mente, contudo, sentíamos que faltava uma articulação que fornecesse unidade a todos aqueles ricos e entusiasmantes aspectos da vida espiritual das pessoas casadas.

Já dizia Isaías, falando em nome do Senhor: *Os meus caminhos não são os teus caminhos; os meus projetos não são os teus projetos* (Is 55:8).

Por mais que procurássemos superar a advertência padre Caffarel lendo e estudando livros, artigos e conferências, parecia sempre faltar uma unidade básica ao que tínhamos aprendido, uma noção fundamental que fornecesse sólida articulação, uma vigorosa unidade a todo aquele fecundo aprendizado. Onde achar a resposta?

Um caminho romano

O caminho que o Senhor nos preparara para responder nossa busca era absolutamente insuspeitável.

Em 1982, chegou-nos pelo correio uma carta surpreendente. Claro que endereçada a nós dois. Nosso nome vinha antecedido, porém, ao invés de um prosaico Ilmo. Srs. por um solene Ilustrissimis Dominis. Perplexos, abrimos o envelope esperando mais latinório: tínhamos sido nomeados, nada menos que pelo papa, para membros do recém-criado Pontifício Conselho para a Família, encarregado, segundo ali se esclarecia, de assessorar o Sumo Pontífice em questões familiares. Uma honraria? Talvez. Com o tempo, veríamos que a "honraria" dava, sobretudo, muito trabalho para estudar os vários documentos que nos enviavam do Vaticano. O mais importante é que fomos obrigados a estudar a fundo a "Familiaris Consortio".

O leitor, contudo, deve estar se perguntando o que tudo isso tem a ver com o profeta Isaías invocado a propósito dos caminhos do Senhor? Muito. Em 1987, o tema escolhido para a assembleia daquele ano foi exatamente a espiritualidade conjugal.

Na ocasião, tivemos a felicidade e o encantamento – deveríamos dizer, a graça – de ouvir uma rica e substanciosa conferência do então monsenhor Dionigi Tettamanzi, àquelas alturas um simples professor e reitor do Seminário de Milão, mais tarde cardeal arcebispo daquela importante diocese e tido para a sucessão de João Paulo II como um dos "papabile" mais falados.

É preciso, com toda a sinceridade, confessar que a exposição do monsenhor Tettamanzi foi para nós uma verdadeira revelação. Ao ouvi-la, tivemos a nítida impressão de que um clarão iluminou a nossa cabeça: tudo aquilo que havíamos ouvido, aprendido e vivido nas equipes ganhava unidade, uma completa unidade lógica e uma sólida fundamentação teológica.

Lemos, relemos e estudamos com verdadeiro entusiasmo o texto da conferência, na ocasião distribuída e, posteriormente, publicada. O entusiasmo e a gratidão levou-nos a escrever a monsenhor Tettamanzi que, como resposta, teve a gentileza de enviar-nos os seus livros.

Que de mais importante disse o conferencista? Justamente o fundamento último, o alicerce básico, a fonte de onde jorra a luz que ilumina e dá vida à espiritualidade conjugal:

É uma espiritualidade enraizada no sacramento do matrimônio e alimentada permanentemente por ele.[119]

Analisemos um pouco esta noção basilar. Ao mencionar que a espiritualidade conjugal está enraizada no sacramento, isso significa que tal espiritualidade amolda-se ao que é próprio e característico do matrimônio. Ou como explica com profunda concisão Tettamanzi:

---

[119] Dionigi Tettamanzi, *La sacramentalità del matrimonio e la espiritualità coniugale*, Elledici (Turim), 1989, p. 30.

O *specificum* do sacramento determina o *specificum* da espiritualidade conjugal.[120]

O sinal sacramental: é o "sim"?

Logo, para desvendarmos toda a riqueza da espiritualidade dos casados é bom recordar, em poucas linhas, como se deve conceituar o nosso sacramento.

Sabemos todos, desde o primeiro catecismo, que o sacramento é *um sinal sensível e eficaz que produz a graça*. Ou, como dizia Santo Agostinho, "é um sinal visível que produz a graça invisível".

Ou, ainda, como proclama a "Confissão da Igreja Ortodoxa": "O Sacramento é uma ação na qual, mediante um sinal visível, a invisível graça de Deus é comunicada àquele que crê".[121]

No batismo, o sinal é a água que, por sua própria natureza, tem o condão de lavar, purificar: quando ela foi derramada em nossa cabeça, fomos purificados do pecado ao mesmo tempo que, com a palavra sensível do ministro, tornamo-nos filhos de Deus, realidade invisível, mas verdadeira.

Quando na liturgia da missa, o sacerdote toma em suas mãos o pão – alimento que eu vejo – e pronuncia as palavras da consagração "isto é meu corpo" – o olhar de fé enxerga uma realidade profunda que não vejo, o próprio corpo daquele que se faz alimento da vida divina em nós. A realidade que vejo – sensível aos olhos – leva-me, pelo dom da fé, a ver uma outra realidade viva e atuante que não enxergo, mas realmente presente, o próprio Cristo. O vinho é o sinal visível do invisível Sangue Redentor de Cristo, presença tão real e efetiva como o vinho é visível, desde que eu creia na palavra de Jesus na última ceia.

Importa aqui, todavia, indagar qual o sinal do matrimônio?

---

[120] Tettamanzi, op.cit., p. 35.

[121] Paul Evdokimov, *Sacramento del amor: Misterio conyugal ortodoxo*, Libros Del Nopal (Barcelona), 1966, p. 176.

Os livros antigos e, até hoje, livretos usados em cursos de preparação ao casamento, dizem que o sinal sacramental no casamento é o "sim" que efetiva o "contrato matrimonial".[122]

Em primeiro lugar, é preciso afastar a ideia adotada desde a Idade Média por influência do Direito Romano, que o casamento é um contrato. O Senhor JAVÉ fez, por acaso, um contrato com Abraão, Isaac, Jacó e Moisés? Ou com eles estabeleceu uma *aliança*? Tanto que muitos autores preferem dividir a Bíblia em duas partes: os livros da Antiga Aliança e os da Nova Aliança. Assim, também o casamento é imagem viva e sinal eloquente da "aliança nupcial de Deus com seu povo", imagem eficaz "da aliança de Cristo com sua esposa, a Igreja".[123]

É certo, porém, que os noivos no rito litúrgico são chamados a pronunciar um *sim* para expressar o mútuo consentimento de um entregar-se ao outro, como eco festivo e alegre da palavra que foi pronunciada na Criação: *Os dois serão uma só carne* (pessoa).[124]

Como bem explica João Paulo II em sua catequese sobre o amor humano:

> **O matrimônio como sacramento realiza-se mediante uma *palavra*, mas esta é *sinal* sacramental em razão de seu *conteúdo*. A palavra exprime o *desejo* de se tornarem uma só carne, o recíproco dom da masculinidade e feminilidade de um para com o outro, que é o fundamento da união conjugal.**[125]

Querem uma indiscutível prova que a palavra só vale pelo seu conteúdo?

---

[122] Veja, por exemplo, o conhecido Curso de Iniciação Teológica da Escola Mater Ecclesiae, Rio de Janeiro, p. 134.

[123] Apocalipse 21:9, 19:7; Efésios 5:25; "Familiaris Consortio" 12; Catecismo da Igreja Católica 160, 167; Catecismo da Igreja Católica cânon 1055§1.

[124] "Familiaris Consortio" 13.

[125] João Paulo II, *Uomo e donna lo creò: Catechesi sull'amore umano*, Libreria Editrice Vaticana/Città Nuova (Roma), 1985, pp. 397-398.

De acordo com a doutrina da igreja, o casamento celebrado com todas "as pompas e circunstâncias", podendo até ser presidido pelo papa, se não for consumado, o Direito Canônico o declara *inexistente*. É o que se chama *matrimonium ratum sed non consumatum*,[126] isto é, casamento ratificado de público, mas não consumado pelo ato sexual.

Assim, é preciso ficar bem claro que o "sim" pronunciado no altar vale pelo seu conteúdo:

> **Em uma palavra, refere-se às características normais do *amor conjugal natural* mas com um *significado novo* ao ponto de torná-lo expressão de valores propriamente cristãos.**[127]

Não foi outro o ensinamento do concílio:

> **O autêntico amor conjugal é assumido no amor divino (GS 48/351).**

É uma pena – para não dizer lástima – que na pregação, nas pastorais, nos cursos de preparação ao casamento, não se proclame e insista, com verdadeira convicção, que o amor trivial, banal, corriqueiro, de todos os dias, na verdade possui algo que é próprio do Criador, o Amor, e, dessa maneira, torna-se participante da própria vida trinitária:

> **Cristo Senhor abençoou largamente este amor multiforme originado na fonte da caridade divina e constituído à imagem de sua própria união com a Igreja (GS 48/351).**

---

[126] Catecismo da Igreja Católica (CIC), cânon 1055.
[127] "Familiaris Consortio" 13 in fine.

Uma vida consagrada?

Por tal motivo ensina ainda o Vaticano II, os cônjuges

são robustecidos (em seu amor)
e como que *consagrados* aos
deveres e à dignidade de seus
encargos por um sacramento especial (GS 48/351).

Infelizmente, nunca se ouve falar em nossas igrejas que o marido, esfalfando-se no trabalho profissional, a mulher cuidando dos infindáveis afazeres da casa, um e outro dando o melhor de si para educar os filhos, foram consagrados a tais atividades, o que significa dizer que tais diligências – naturais sem dúvida – têm por força do sacramento uma dimensão infinita: pois foram *sagrados – com* a vida divina para as atividades próprias de quem é casado; para a *mística do cotidiano*, segundo a expressão cunhada por Karl Rahner. Cai, assim, por terra a malévola distinção, ocorrente desde a Roma imperial, entre o profano e o sagrado,[128] no sentido que somente aquilo que é realizado dentro de uma igreja ou nos momentos de oração é que pode ser considerado para uma verdadeira vida espiritual.

Daí, o fundador das equipes, em livro aqui traduzido e publicado em 1960, dizer estas palavras que, quando as lemos, quarenta anos atrás, ficamos encantados: *O matrimônio instaura uma* vida consagrada, *isto é, uma vida que não somente vem de Deus e vive de Deus, mas que volta incessantemente para Ele. O matrimônio não é somente santificado pelo sacramento, mas* consagrado, *isto é, tornado apto para o culto divino, do mesmo modo que um vaso sagrado é aquele que pode doravante exercer um ofício litúrgico.*[129]

Em razão disso, não titubeou declarar, como um bom profeta, lá na década de 1960: *A santidade que até o presente parecia exigir um*

---

[128] *Pro-fanus* = fora do templo, *in sacris* = dentro do templo; ver também Henri Caffarel, *O amor e a graça*, Flamboyant (São Paulo), 1962, p. 229.

[129] Caffarel, op. cit., pp. 62-63.

retirar-se do mundo, afirma cada vez mais o seu direito à cidadania em pleno mundo.[130]

Nessa perspectiva, retenhamos a arguta observação que ele nos deixou:

> A sociedade formada pelos cônjuges não se assemelha a nenhuma outra: transcende a todas porque penetra o ser humano todo, até as profundezas mais íntimas do ser carnal e espiritual.[131]

Ao chegar a este ponto, o leitor já estará indagando, com justa ansiedade: qual é, no fim das contas, o sinal sacramental do casamento?

Vemo-nos, no entanto, obrigados a pedir um pouco mais de paciência. Antes, devemos avançar outra noção, assaz importante, da qual nunca se fala nos meios católicos. Até mesmo em grupos de casais e nos documentos pastorais.

A "personalidade conjugal"

A expressão não é nossa. Quem a utilizou em um artigo, com justa razão, foi dom João Evangelista Terra, SJ, bispo auxiliar de Brasília.

Para entendê-la melhor, basta lembrar-se de uma noção bem conhecida. Os juristas ensinam que uma sociedade, mesmo integrada por duas pessoas apenas, tem sua própria personalidade, distinta da dos sócios. O mesmo ocorre com a união de uma mulher e um homem: eles dão nascimento a uma nova pessoa, o *ser* conjugal, pois é ele, o casal, *que fica ligado a Cristo e lhe pertence incondicionalmente*, recorda Henri Caffarel.[132]

---

[130] Henri Caffarel, *O amor e a graça*, Flamboyant (São Paulo), 1962, p. 51.
[131] Henri Caffarel, *A missão do casal cristão*, Loyola (São Paulo), 1990, p. 42.
[132] Caffarel, op. cit., p. 61.

Não passou desapercebido ao episcopado italiano a constatação dessa realidade que, só agora, chamou a atenção do ensino doutrinal cristão:

> Jesus Cristo dá aos esposos
> um *novo modo de ser* e os coloca
> em particular estado de vida dentro
> do Povo de Deus.[133]

Sem dúvida, tal constatação pode parecer até com foros de novidade. O mínimo que se pode dizer é que, até meados do século XX, jamais se falou nas consequências vivenciais dessa realidade, vertente fundamental para o exato equacionamento da espiritualidade conjugal.

Em 1970, anotando o discurso de Paulo VI às Equipes da Nossa Senhora, padre Caffarel ressaltava: *O ensinamento cristão, muitas vezes, evita esta noção capital de "casal" para tratar logo de casamento e de família*, acrescentemos. Se alguém tiver dúvida, consulte as publicações relativas à pastoral familiar. Em todas elas fala-se muito da família, seus desafios, seus problemas, sua função missionária etc. Mas do casal nada ou quase nada se diz. Quando se fala nele é para tratar do problema da infidelidade, do ciúme, do aborto, divórcio ou dos métodos anticoncepcionais. Será que os elaboradores de tais pastorais, indiscutivelmente animados das melhores e mais cristãs das intenções, nunca se fizeram esta elementar pergunta: existe alguma família verdadeiramente cristã que não se apoie em um casal verdadeiramente cristão? Alguém já encontrou, por acaso, uma família cristã em que os pais sejam ateus ou pouco religiosos?

Mais ainda. Se aqui aludimos ao problema não é, de forma alguma, com a intenção de crítica, mas, somente, de chamar a atenção para o assunto. Nosso intuito exclusivo é contribuir para uma maior conscientização das luzes e a renovação que o concílio trouxe para o casamento.

---

[133] *Evangelizzazione e sacramento del matrimonio*, Episcopato Italiano, Roma, 1975.

Ainda dentro da perspectiva luminosa do "ser conjugal", seja-nos lícito fazer outra constatação e uma pergunta.

Em nossa igreja, quer em livros, artigos, conferências ou na pregação, fala-se muito em "virgens consagrados" ou em "religiosos consagrados". Ótimo. Ninguém pode negar o alto valor da vida religiosa. Alguma pessoa, porém, já ouviu falar em *casais consagrados*? E, atente-se, como declarou o bispo francês monsenhor Thomazeau, que a consagração dos religiosos e das religiosas decorre de um *voto*. Por mais solene que ele seja, pode ser dispensado. A consagração do casal, entretanto, é indissolúvel porque é sacramental. É como no sacramento da ordem: o padre pode renegar o ministério, mas continuará sempre sacerdote, consagrado para o serviço divino para todo o sempre.

Fica aí a ponderação, sem qualquer ar de crítica, para ressaltar o que Gustave Leclerc, Salesianos de Dom Bosco (SDB), mostrou magistralmente na contribuição que deu ao congresso de *aggiornamento* realizado de 1 a 4 de novembro de 1975 pela Universidade Pontifícia Salesiana de Roma, sob o expressivo título de "Il matrimonio sacramento comme realtà costitutiva di un nuovo modo di essere nella chiesa".[134]

Sacramento permanente?

É comuníssimo se ouvir uma pessoa dizer: "Quando eu me casei...". A expressão dá a entender que ela recebeu o sacramento lá no dia das núpcias de forma que, tocada a marcha nupcial à saída da igreja, ali terminou a ação sacramental.

É um completo e danoso engano. Aceitá-lo deita por terra qualquer possibilidade da espiritualidade conjugal existir.

Não é esse o ensino da igreja, ainda que pouquíssimas vezes os livros, os sermões, os cursos e pastorais abordem o assunto. Esqueceu-se, assim, um aspecto vivencial básico que Pio XI recordou na célebre

---

[134] Gustave Leclerc, "Il matrimonio sacramento comme realtà costitutiva di un nuovo modo di essere nella chiesa" in *Realtà e valori del sacramento del matrimonio*, LAS (Roma), 1976, p. 65.

encíclica "Casti Connubii" (CC), lançada em 31 de dezembro de 1930, e que ao incorporar a lição de alguns precursores constitui-se em um marco na renovação do pensamento católico sobre o casamento.

Depois de conclamar os cônjuges a "considerarem frequentemente o seu estado de vida e a *operosa* lembrança do sacramento recebido", o pontífice ensina que:

> **Os casados são santificados e fortificados por meio de um Sacramento especialcuja virtude eficaz *é permanente*.**

Para melhor esclarecer tão importante noção, Pio XI socorre-se da lição do grande teólogo da contrarreforma, o cardeal São Roberto Belarmino, SJ, que, como outros autorizados teólogos, escreveu: *O sacramento do matrimônio pode encarar-se sob dois aspectos: o primeiro, enquanto se celebra, o segundo, enquanto perdura depois de ter sido celebrado. Isto porque é um Sacramento semelhante à Eucaristia, que é um sacramento que o é não só enquanto se recebe, mas também enquanto perdura, uma vez que enquanto os cônjuges vivem a sua união é sempre o Sacramento de Cristo e da igreja.*[135]

Infelizmente, de tão importante qualificação de nosso sacramento nunca se fala. Até pelo contrário, ressalta-se sempre a importância do ato litúrgico, o que contribui poderosamente para se continuar acreditando que no casamento o importante é a cerimônia, de sorte que terminada esta, o sacramento realizou-se. Tanto isso não é verdade que a cerimônia pode até ser dispensada, como estatui o cânon 1068 do Código de Direito Canônico. Nem por isso o casamento deixa de ser plenamente válido e, portanto, um sacramento atuante.

Veja-se, apenas para exemplificar, a publicação da Pastoral Familiar da Regional Sul-1 intitulada *Preparação para o casamento e para a vida familiar* (Santuário). Ali, dedica-se à exposição do sacramento do matrimônio não mais que um texto parcimonioso de uma página e meia (pp. 88-89) e aos "pontos litúrgicos do matrimônio" dez páginas (pp. 179-189)! Sem falar que outros aspectos merecem um espaço

---

[135] Roberto Belarmino, *De controversiis*, tomo 3; "Casti Connubii" 116 in fine.

ainda maior: "os aspectos morais" estendem-se por vinte páginas; o "planejamento familiar", por dezoito páginas; e o pobre do sacramento, a exiguidade de uma pagina e meia!

Voltemos, todavia, à ideia presente em tantas cabeças que o sacramento consiste, precipuamente, nas palavras do ritual, proferidas durante a celebração.

Parece que João Paulo II não concorda com isso. Tanto que deixou esta lição prenhe de vida e de consequências:

> O homem e a mulher,
> como cônjuges, levam
> consigo o *sinal* durante
> toda a vida, até a morte.[136]

A lição é de extrema importância vivencial. Frise-se que João Paulo II ao falar no sinal, evidentemente, refere-se ao sinal sacramental, aquele que é eficaz para gerar a graça.

Para bem resumir, ouçamos o que diz, com clareza e precisão, um renomado teólogo, o padre José Comblin:

> Há uma diferença importante entre o matrimônio e os demais sacramentos. Os demais são momentos breves: o tempo de uma liturgia. São contidos dentro do prazo de uma breve celebração. Pelo contrário, o que faz o sacramento do casamento *não é de modo algum a cerimônia*. A cerimônia é acidental e pode ser dispensada: durante séculos não foi obrigatória. O que faz o sacramento é a vida conjugal. Portanto, é um sacramento que *dura*, não o espaço de uma liturgia, e sim a vida inteira. De certo modo, pelo sacramento do amor, *a vida inteira torna-se um sacramento* e a vida conjugal inteira torna-se *uma transfiguração do*

---

[136] "Casti Connubii" 399.

tempo presente. É o único aspecto da vida humana que mereceu esta função, que seja suscetível de ser assim transfigurada. De certo modo, a vida conjugal inteira escapa da história e *constitui uma antecipação do Reino de Deus.*

E conclui com esta bela informação:

Essa mensagem evangélica sobre o amor confirma o pressentimento que já se acha presente em todas as civilizações. Há o sentimento comum de que o amor é a realidade humana que mais se aproxima da eternidade e melhor supera os limites do tempo e o fluxo da história.[137]

O sinal sacramental

Chegamos, assim, ao âmago de nosso assunto. Ao cerne daquilo que dá eficácia à ação sacramental. Ao que é o *specificum* do sacramento e gera, por conseguinte, o que é específico da espiritualidade conjugal.

É bom, pois, mais uma vez, ceder a palavra ao nosso padre Caffarel para que recorde e explique o "sinal sensível e eficaz" do matrimônio:

Cristo utiliza nesse sacramento o*amor humano*
como em outros a água ou óleo consagrado
para manifestar-se e comunicar-se.
E não só para santificar, mas também
para *transfigurar* o próprio *amor conjugal.*[138]

Ou como se lê no *O novo catecismo*, publicado em 1969 por indicação dos bispos da Holanda, e que, por isso, ficou conhecido

---

[137] José Comblin, *O espírito no mundo*, Vozes (Petrópolis), 1978, pp. 106-107.

[138] José Comblin, *O espírito do mundo*, Vozes (Petrópolis), 1978, p. 39.

como o "Catecismo holandês": *O sinal sacramental não é, portanto, a forma jurídica determinada, em si, nem a liturgia matrimonial, em si, mas a vontade manifesta de cada um dos dois em querer pertencer um ao outro em amor, em fidelidade até o dia da morte.*[139]

Ou como ensina o cardeal Tettamanzi: "A especificidade do matrimônio emerge do amor conjugal elevado a sinal eficaz da graça".[140]

Battista Borsato, por sua vez, esclarece: "É o amor que é sacramento de Deus! Não é a forma jurídica, quer civil quer religiosa, que se podem arrogar o direito de serem expressão de Deus. Se o amor é sacramento de Deus, quanto mais autêntico for e humanamente pleno, tanto mais sacramento se torna".

E termina com uma observação de extrema importância: *O sacramento não é um elemento exterior que se acrescenta ao amor, como se fosse uma benção.*[141]

É lição que, com outras palavras, São Tomás de Aquino já dava a entender.[142]

Leonardo Gerke, por sua vez, deixa este comentário que ilustra, ainda mais, o assunto: *Somente no matrimônio, dentre todos os sacramentos, o sinal sacramental consiste, na sua totalidade, em atos daqueles que recebem o sacramento e que são EXPRESSÃO DE AMOR.*

O teólogo irlandês Denis O'Callaghan precisa ainda mais o conceito de sinal no matrimônio, de forma tal que se torna básica para se entender a espiritualidade conjugal. Diz ele:

> Todo o sinal de afeição entre
> marido e mulher é expressão do desejo
> de comunicar a vida de Cristo ao outro
> e é comunicação real desta vida.

---

[139] Instituto Catequético Superior Nijmegen, *O novo catecismo: A fé para adultos*, Herder (Barcelona), 1969, p. 453.

[140] Dionigi Tettamanzi, *La famiglia via della chiesa*, Massimo (Milão), 1992, p. 67.

[141] Battista Borsato, *O sacramento do matrimônio: Caminho de redescoberta*, Loyola (São Paulo), 1995, p. 49.

[142] Cf. Tomás de Aquino, *Suma teológica*, XIX, q. XLV ad. V et a. I, ad. 2a.

> Se o marido incrédulo é consagrado por
> sua esposa e a esposa incrédula é consagrada
> através de seu marido, como diz S. Paulo,[143]
> é isto muito mais verdadeiro quando se trata de
> marido e mulher cristãos. Um amor que se
> encarna em gestos corporais e materiais.

E conclui com esta afirmação que deveria encher de entusiasmo e satisfação a todos nós casados:

> Assim, pois, o amor
> do cristão casado é uma
> força santificadora em todas suas formas,
> desde a mais espiritual até a mais física.[144]

É imprescindível, pois, que a beleza, a riqueza, a santidade do casamento seja apregoada, em alto e bom som, na nossa igreja para encantamento, acima de tudo, dos jovens que representam um contingente ponderável nos 99% do povo de Deus e que sentem vocação para a vida de casados.

Para tanto, impõe-se urgente reforma do conteúdo dos vários cursos de preparação ao casamento existentes, cuja grandessíssima maioria prefere enveredar pelos aspectos jurídicos, psicológicos ou, então, dá ênfase desmedida aos problemas morais, máxime aqueles ligados à paternidade responsável. Nem falam da espiritualidade conjugal que continua, assim, a ser, como disse Rey-Mermet, a "bela adormecida: todo o mundo a admira, mas ninguém a conhece e sabe quem ela é".

Parece até que um deles surgiu para nos desmentir. Chega até a dizer que "é um grande desafio para os cristãos pôr em prática um projeto de espiritualidade conjugal nesta era pós-moderna, que tem com base o individualismo e o consumismo". Por isso chega até a avançar uma noção de espiritualidade conjugal assim conceituada: "É a ex-

---

[143] 1 Coríntios 7:14.

[144] *Concilium – Revista Internacional de Teologia,* Vozes (Petrópolis), n. 55, 1970, pp. 616 e 617.

periência intensa e crescente do amor de Deus em nós".[145] Ninguém em sã consciência pode discordar do que aí está dito. Cabe indagar, porém, se a mesma noção não se aplica às nossas freiras, aos monges beneditinos ou aos celibatários? Logo mais adiante, passa a apresentar sugestões, elencando "os componentes mais fundamentais" que, com exceção do diálogo e da oração conjugal, servem para qualquer outro "estado-de-vida". Não são suficientes e, por isso, não chegam a bem caracterizar a espiritualidade conjugal. Passam bem longe.

Procuremos, pois, encontrar uma noção apropriada para esta grande descoberta do século XX, a espiritualidade própria e típica da imensa maioria do povo de Deus, daqueles que foram vocacionados para o casamento.

Insistamos, por conseguinte, no que o cardeal Tettamanzi advertiu: é o específico do casamento, isto é, o que lhe é próprio e essencial, é que vai definir o que é próprio e essencial à prática da vida espiritual do "ser conjugal", isto é, o amor que une o casal.

Um lamentável esquecimento

Cabe, então, indagar qual a finalidade que a igreja atribui ao nosso sacramento.

A resposta, não vamos encontrá-la em documento oficial surgido no século XX, mas bem mais longe.

Vem lá do século XVI, quando o matrimônio foi, oficialmente, reiterado como um dos sete sacramentos da igreja, tarefa que competiu ao Concílio de Trento (1545-1563).

O célebre concílio atribuiu ao casamento, como já se disse, à finalidade de:

> *Amorem naturalem perficere,*
> *indissolubilitatem et unitatem confirmare,*
> *congiugesque santificare.*[146]

---

[145] *Acolhendo os noivos*, Dom Viçoso (Mariana), 2002, p. 116.
[146] *Denzinger* 969 citado no "Casti Connubii" 38 in fine.

O que em bom português significa:

Fazer crescer o amor natural,
confirmar a unidade indissolúvel,
e santificar os cônjuges.

Se lermos o texto do fim para o princípio, veremos que o sacramento existe para santificar os esposos, em sua indissolúvel unidade, cuja confirmação decorre do amor conjugal aperfeiçoado e crescente pelas graças do sacramento.

Aqui também temos muito que trabalhar para recuperar tão importante ensino conciliar que ficou no olvido ao longo de quatro séculos.

Por que ocorreu tão grave omissão? O esquecimento de uma lição prenhe de riqueza vivencial, *atinente,* precisamente, a maior parcela dos membros da igreja?

Seria longo buscar na história de nossa mãe igreja a explicação. Isso não impede, contudo, de salientarmos aqui, em poucas linhas, alguns fatores que pesaram no desastroso olvido.

Sem dúvida, a influência do neoplatonismo teve um peso considerável. Ainda mais que a gigantesca figura de Santo Agostinho foi a que mais pesou, do século IV ao XX, na elaboração da doutrina sobre o casamento. Como é sabido, o bispo de Hipona sofreu, em seu pensamento, enorme influência de Plotino, talvez o maior expoente latino do neoplatonismo. Este se baseia no dualismo entre corpo e alma, matéria e espírito, o que gerou desprezo pelas atividades corporais, impeditivas da ascensão do espírito aos valores superiores. É claro, então, que o casamento não podia dar-se bem em semelhante clima cultural. Mesmo porque Agostinho na sua juventude não teve uma vida muito regrada, metido com os eversores, que em nosso tempo correspondem ao que chamamos de playboy.[147] Ademais, deixou-se seduzir pelo maniqueísmo que considerava o corpo como radicalmente mau, do

---

[147] Santo Agostinho, *Confissões* IV, II, 2, apud Gérard Mathon, *Les mariages des chrétiens: Du Concile de Trente à nos jours*, v. 1, Desclée de Brouwer (Paris), 1993, p. 19; Guy Durand, *Sexualidade e fé*, Loyola (São Paulo), 1989, p. 132, onde se encontra uma bem elaborada síntese do pensamento patrístico.

qual nunca conseguiu libertar-se completamente, ainda que houvesse, depois de convertido, combatido a heresia. Alguns resquícios da doutrina acabaram ficando subjacentes em seu pensar. Daí o agostianismo ter uma visão pessimista do casamento, admitindo-o tão só para a perpetuação da espécie. Razão pela qual Agostinho ter colocado, como fim do matrimônio, a geração da prole, tese referendada pela grande maioria dos teólogos até o alvorecer do Vaticano II. Constava, inclusive, do antigo Código Canônico que vigorou até 1993.

Nessa linha, Agostinho, interpretando texto ambíguo de São Paulo, chega a dizer que os "atos conjugais que se desviam das exigências da procriação", mesmo sem recorrer a artifícios, "constituem-se em pecado venial".[148]

Acrescente-se outro fator para explicar o "sepultamento" da doutrina tridentina. Vinha de mais longe, graças a admiração que a igreja primitiva devotou ao monaquismo, introduzido por São Pacônio (287-347) e que sofreu elevada influência do estoicismo, que pregava o total domínio das paixões para seguir os ditames da pura razão. É fácil perceber, por conseguinte, que a vida oriunda da atração sexual não era muito bem vista. Daí para passar à exaltação do celibato e da virgindade foi um passo.

Exemplo bem característico é o de São Jerônimo (347-420). Depois de viver como eremita voltou à civilização. Em Roma, tornou-se secretário do papa Damaso ao mesmo tempo que exercia a direção espiritual de jovens. Sustentava a superioridade do celibato e da virgindade sobre o casamento. Para tanto, teve que arrumar uma interpretação tendenciosa do capítulo 2 do Gênesis: "Interpretação afirmar que Adão e Eva no Paraíso antes da queda viviam como celibatários, só depois do pecado e serem expulsos é que usaram o sexo".[149]

---

[148] Guy Durand, *Sexualidade e fé*, Loyola (São Paulo), 1989, p. 128. Aliás, as ambiguidades de São Paulo e interpretações fora do contexto muito contribuíram para tais desvios como, com maestria, mostrou a teóloga France Quéré em artigo publicado em livro organizado por Xavier Lacroix, *Homem e mulher: A inapreensível diferença*, Vozes (Petrópolis), 2002, p. 167.

[149] São Jerônimo, *Adversus Jovinianus* (Contra Joviniano), apud Elaine Pagels, *Adão, Eva e a serpente*, Rocco (Rio de Janeiro), 1992, p. 132.

Apareceu, nessa mesma época, um monge cristão chamado Joviniano que, baseado em Mateus 19:3-6 e no Gênesis 1:28, sustentou contra a crença comum que "os celibatários e virgens não eram mais santos que as pessoas casadas". Uma saraivada de insultos caiu sobre o ousado monge. Orientado por três futuros santos, Jerônimo, Ambrósio e o jovem Agostinho, o papa Sirício condenou Joviano, excomungando-o pela "perigosa heresia".[150]

O nosso Jerônimo foi ainda mais longe. Esperemos, confiando no espírito caridoso dos leitores casados, que não se revoltem com o que escreveu o santo tradutor da Bíblia: "Todo o amor pela mulher de outro é escandaloso. Como também devotar muito amor à própria mulher. Um homem sábio deve amar sua esposa com discernimento e não com ternura. Ele precisa saber dominar os seus desejos e não se deixar arrastar pela cópula. Nada existe de mais imundo do que amar sua mulher como uma amante...".[151]

A birra de Jerônimo contra Joviniano foi tão grande que não titubeou em adotar a sentença de um pagão, o filósofo pitagórico Sextus, que dizia: *adulter est in suam uxorem amator ardentior*, o que, em vernáculo, pode ser lido como uma verdadeira pérola negra do afeto conjugal: "Aquele que dedica um amor muito ardoroso para com sua própria mulher, é adúltero".[152]

Agostinho não chega a tanto. Mas não fica muito longe. Pelo menos, bem distante do que hoje pensamos. Veja-se o que ele disse em um de seus sermões: "Um cristão pode procurar, na união conjugal, seja a satisfação das exigências da carne, o que o Apóstolo admite por condescendência (1 Cor 7:6), seja para a procriação dos filhos o que é digno de louvor *até certo ponto*, seja para viver com sua esposa como se fosse sua irmã, sem qualquer relação como se não tivesse esposa, o que se constitui no máximo

---

[150] Elaine Pagels, *Adão, Eva e serpente*, Rocco (Rio de Janeiro), 1992, p. 130.
[151] São Jerônimo, *Adversus Jovinianus*, 1, 49; João Paulo II, "Pastores Gregis" 2, 281, apud Gérard Mathon, *Les mariages des chrétiens: Du Concile de Trente à nos jours*, v. 1, Desclée de Brouwer (Paris), 1993, p. 74.
[152] Ibid.

grau de perfeição e é o que pode haver de mais sublime no casamento dos cristãos".[153]

Se levarmos em conta que o célebre e genial bispo foi o autor que mais pesou até quase nossos dias sobre a doutrina do casamento, ninguém pode estranhar porque o sacramento do matrimônio nunca mereceu muita devoção na igreja.[154] Salvo, é claro, para exaltar o papel da família, visto que todos os padres, bispos, freiras e monges têm família, nela nasceram e cresceram e por ela são amados. Mas a experiência existencial do que significa a completude do ser humano, completude que se realiza na fusão da masculinidade e da feminilidade, os que não são casados não podem ter. Não se pense que tal constatação é apenas nossa, decorrente de nossa própria experiência. São João Crisóstomo (347-407), "tido como o mais encantador dos padres gregos e o que deixou a mais numerosa obra da patrística",[155] chegou a dizer que "aquele que não é casado não tem a totalidade do ser humano, mas apenas a metade".[156] Frase que, com seu senso de humor, o padre Caffarel gostava de repetir em suas palestras para que os sacerdotes presentes ouvissem...

Aliás, de certa feita, ao fazer palestra em uma cidade desta nossa América, citamos a tal frase de Crisóstomo, mostrando que a ficamos conhecendo através do padre que, junto com quatro casais, deu início ao movimento das Equipes de Nossa Senhora. Estavam presentes, além do reitor do seminário maior local, alguns de seus professores e outros sacerdotes. Foi um verdadeiro "Deus nos acuda". Protestos acalorados por toda parte dos sacerdotes. Um pouco mais, íamos os dois parar nas barras de um tribunal eclesiástico. Não se chegou a tanto porque a nossa defesa não foi derrubada: a frase não é nossa, re-

---

[153] Santo Agostinho, "Homilia sobre o sermão da montanha", 1, 15, apud Mathon, op. cit., p. 113.

[154] Mathon, op. cit., p. 9.

[155] Pedro Rodriguez Santidrian, *Breve dicionário de pensadores cristãos*, Santuário (Aparecida), 1998, p. 159.

[156] *Patrologia latina*, publicada por Jacques-Paul Migne, Paris, 1844-1866, 62, 387, apud Michel Philippe Laroche, *Uma só carne: A aventura mística do casal*, Santuário (Aparecida), 2004, p. 15.

petimos o que ouvimos. Logo o protesto deve ser dirigido a ele, Henri Caffarel. Ou de preferência a João Crisóstomo, ambos lá no céu...

Para ninguém pensar que estamos a inventar coisas, é só conferir uma de suas últimas conferências, proferida em Chantilly. Para não perder o vezo, o padre Caffarel repetiu a afirmação de Crisóstomo em 3 de maio de 1987 para todos os que ali estavam, os casais regionais de toda a Europa.[157]

Não se pense que a idiossincrasia pelo amor conjugal parou por aí em São Jerônimo.

Um dos primeiros grandes mestres da escolástica, Pedro Lombardo (1110-1160), bispo de Paris, autor do célebre *Livro das sentenças*, que se tornaria o manual dos estudantes de teologia da Idade Média, retomou e comentou a sentença de Sextus Areopagita. No que foi seguido por vários outros comentadores, inclusive, de certa forma, por Santo Tomás de Aquino, que chegou a considerar "a sexualidade humana corrompida, infecta e impura".[158] Por tais razões, o consórcio sexual era considerado proibido na quaresma, dias santos ou domingos. Até a época em que nos casamos, em 1951, ainda havia padres que consideravam impedimento para receber a eucaristia manter relações sexuais na véspera.

Um certo Gregório, reputado autor medieval, sustentava que "experimentar o prazer sexual constitui um pecado no sentido estrito, mesmo se o ato se realiza com o propósito da procriação".[159]

Vê-se, pois, que a prevenção contra o sexo foi muito grande. Só mesmo por intervenção direta do Espírito Santo é que o tridentino podia declarar o que declarou. O pior, contudo, é que "este conjunto de ideias perdura durante toda a Idade Média até aos dias atuais", lembra Guy Durand. E acrescenta: "A superioridade do casamento virginal sobre o casamento consumado permanece até nos anos 1930.

---

[157] Henri Caffarel, *O carisma fundador das ENS*, Equipes de Nossa Senhora (São Paulo), 2006, p. 21.

[158] Guy Durand elenca os vários textos do aquinatense em sua tese de doutorado "Anthropologie sexuelle et mariage chez Saint Thomaz d'Aquin", Faculdade de Teologia de Lyon, 1967.

[159] Durand, op. cit., p. 133.

Certos casais cristãos, como os Maritain, trataram de viver esse ideal. Os teólogos ensinavam, então, que a castidade perfeita – entenda-se, a abstinência – é o ideal da castidade conjugal".[160]

Não se pense, todavia, que tais ideais acabaram logo depois de Raíssa e Jacques Maritain. Quando o Vaticano II estava em plena realização, um autor canadense, animador de grupos de espiritualidade conjugal (sic), lançou, em 1963, livro em que com a maior naturalidade e em tom magistral afirmava: "Se há um ponto sobre o qual não se levanta qualquer dúvida na doutrina cristã é que a continência completa, definitiva, no casamento deve ser considerada *como o ideal objetivamente mais perfeito*, que todo pastor de almas pode e deve apresentar como tal e ao qual deve exortar os fiéis".[161]

Nem é preciso ir tão longe, até o Canadá, nem retroagir até a década de 1960. Basta abrir a benemérita "Liturgia Diária" no dia 13 de julho de 2004 em que se celebra a "memória facultativa" de Santo Henrique que, segundo ali se diz, "foi um exemplo de vida virtuosa ao lado de sua esposa, *com quem viveu como irmão...*".

E por aqui ficamos. Acreditamos que a dose foi suficiente para explicar porque o solene *amorem naturalem perficere*, assoprado pelo Espírito aos padres conciliares de Trento, foi sepultado no olvido durante quatro séculos!

Até mesmo depois do concílio?

Infelizmente, na igreja de Deus, até o presente, não se difundiu um conhecimento claro e coerente com a renovação do sacramento matrimonial trazida pelo concílio.

Não vamos citar livros e publicações que, mesmo em nossos dias, não tomaram conhecimento das luzes renovadoras que o concí-

---

[160] Conforme vários autores citados por Guy Durand, op. cit., p. 139.
[161] François Dantec, *Voyez comme ils s'aiment: L'amour conjugale chrétien mystère de charité*, Saint-Remi (Cadillac), 1963, p. 192; Guy Durant, op. cit., p. 139. Os grifos são do autor.

lio trouxe. Vamos ficar em outro terreno para mostrar que, mesmo em orações oficiais, aprovadas pelo Vaticano, os resquícios do platonismo continuam presentes.

Temos em mãos a "Oração das horas", recitada todos os dias pelos clérigos, freiras e monges. É oração oficial pela qual o povo de Deus, espalhado pelo mundo inteiro, reúne-se para assim "tornar presente a igreja que celebra o mistério de Cristo" ("Sacrosanctum Concilium" 26/561, 84/657). Não é, pois, "uma oração particular, mas algo que pertence a todo o corpo da Igreja" (Instrução geral 20). Está baseada nos salmos do Antigo Testamento e em cânticos tanto do Novo como do Antigo Testamento. As várias horas, como laudes, vésperas e completas são antecedidas por um hino que não é tirado da Bíblia, mas composto por gente da igreja e aprovado pela Cúria Romana.

Para exemplificar o que dissemos acima, vamos citar alguns desses hinos para salientar o quanto foi profunda a influência platônica na gente da igreja.

No hino da laudes da quinta-feira da II e da IV semana, pede-se para "moderar o impulso carnal para que, no final deste dia, *abstinentes* e *puros*, possamos (de Deus) sua glória e louvores cantar". Eis aí um hino que nós casados não podemos cantar, ainda que a "Sacrossanctum Concilium" (100/688) tenha recomendado aos leigos a recitação do ofício divino. Ou não estará aí a visão daqueles que consideram o celibato e a virgindade como o "estado-de-perfeição",[162] relegando os casados a uma vida cristã apenas tolerada? O hino não está na linha de François Dantec e tantos outros?

No mesmo dia da III semana pede-se no hino de laudes para "não deixar o nosso *corpo* na culpa se manchar", o que reflete o dualismo platônico corpo x espírito. Ao que nos parece, tal prece anda bem longe do que João Paulo II declarou aos jovens, no Parc des Princes, em Paris, nos idos de 1980: "Por mais material que se considere o corpo, ele não é um objeto entre outros objetos. É, antes de mais

---

[162] Santo Tomas de Aquino declara explicitamente: "Pertence aos religiosos viver o estado de perfeição", pois "se diz com razão que a perfeição consiste nos três votos que afasta os deleites sensíveis entre os quais, de preferência, os carnais excluídos pelo voto de continência" (2ª 2 ae, q. CLXXXVI, a. 6 e 7).

nada, uma manifestação da pessoa, um meio de se fazer presente entre os outros, de poder comunicar-se, de poder exprimir-se de variadas maneiras. O corpo é uma palavra, uma linguagem. E a união dos corpos sempre foi a mais forte e expressiva das maneiras de dois seres darem-se um ao outro".[163]

No hino das vésperas da terça-feira da II semana, todos os que rezam o ofício diariamente, desde o papa até uns pobres leigos casados, imploram a Deus que "não quebre a chama da *carne* a força viva das *mentes*", pedido que faria gosto ao velho Platão.

Neste mesmo dia, logo ao amanhecer, pedimos "para não ouvir as *vozes da carne*, para que firmes na mente e *castos no corpo*, de espírito fiel sigamos a Cristo". Segundo o que aí se pede, os casados não podem "seguir a Cristo", pois para cumprir o preceito do Gênesis – "e sereis uma só carne" – é preciso "ouvir as vozes da carne", caso contrário, como se sabe, o casamento vai por água abaixo... Aliás, o insigne São Pedro nunca deve ter feito semelhante pedido pois, como Paulo atesta, levava consigo a sua mulher em suas viagens apostólicas. Naturalmente, não era só para lavar roupa e fazer comida (1 Cor 9:5). Será que o redator do hino esqueceu-se que o cristianismo é a religião da *in-carnação*, porquanto, no credo, não dizemos "o verbo se fez carne"? E a eucaristia não é sacramento do "corpo de Cristo"? E Paulo não escreveu aos romanos "oferecei os vossos corpos como hóstia viva, Santa e agradável a Deus: este é vosso culto espiritual" (Rom 12:1-2)?

Vê-se, portanto, através destes exemplos, que os pensadores cristãos, com raras exceções ao longo dos séculos, não demonstraram muito enlevo e devoção pelo sacramento do matrimônio...

Como Jesus garantiu ficar com sua esposa, a igreja, "até o fim dos tempos" (Mt 28:20) e prometeu "enviar o Espírito para nos ensinar tudo" (Jo 14:26), junto com o Vaticano II chegou a inspiração para a renovação do casamento. Ou melhor, fez com que os cristãos, acima de tudo, os pensadores voltassem a tomar consciência do que inspirara os padres tridentinos como finalidade do matrimônio: *amorem naturalem perficere*.

---

[163] *Alliance*, 105-107, julho-outubro de 1996, p. 24.

Uma ressalva

Não obstante o que dissemos sobre os resquícios platônicos presentes em alguns dos hinos, é preciso salientar que a recitação diária do ofício, mesmo pelos leigos, é da mais alta relevância. Tanto que sempre se disse na nossa igreja e nas da Reforma que os salmos são a grande escola da oração.

E são porque os hebreus não caíam, como nós ocidentais, na traiçoeira dicotomia profano e sagrado. Para eles, estes dois mundos se interpenetravam, de tal forma que o salmista ao olhar o mundo, a natureza, as reações humanas, as dificuldades, decepções ou seus anseios, podia, a partir de sua vivência concreta, expressar para Deus e à comunidade o que se passava nas profundezas de seu ser. Não formulava, assim, uma oração preocupada com o raciocínio lógico, deduzido de conceitos abstratos ou buscando dizer "coisas bonitas" ou piedosas, bem elaboradas, muitas vezes eivadas de sentimentalismo, assim como tantas preces redigidas cá no Ocidente.

Realmente, se nos for permitido aduzir nosso testemunho, é preciso confessar que, para nós, foi uma verdadeira graça quando decidimos rezar diariamente o ofício. Com a persistência, dia a dia, hoje rezamos e meditamos os salmos com alegria, saboreando-os. Achamos até, cm sã consciência, que podemos de certa maneira dizer com Jeremias: "Quando encontramos a tua palavra, a devoramos e ela se tornou alegria e contentamento para nosso coração" (Jer 15:16). Os leitores que não o fazem, são convidados pelo concílio ("Sacrosanctum Concilium" 100/688) a fazê-lo. No começo, como nos aconteceu, a recitação pode parecer difícil ou árida, o que se pode atenuar com a leitura de boas introduções ou comentários ao livro que, desde jovem, Cristo lia e recitava. É preciso, porém, muita persistência. Mas o fruto da persistência vale a pena. Experimentem, que não vão se arrepender.

Por que Trento foi esquecido?

Não parece, aos que nos leem, extremamente estranho o sepultamento durante cerca de quatro séculos de uma decisão anunciada pelo Concílio de Trento (1545-1563) acerca da finalidade do sacramento do matrimônio? Ainda mais para sustentar ideias e concepções que afrontavam vários textos bíblicos? Que passavam por cima, sem levar em conta as lições e os argumentos representados por alguns importantes padres da igreja? Como olvidar a palavra de Cristo quando, ao responder uma questão sobre o divórcio, invocou que "no princípio era assim porque Deus fez o homem e a mulher para serem uma só carne" (Mc 10:4-9; Mt 19:3-6)? Sem falar na beleza do amor humano anunciada pelo "Cântico dos Cânticos". Acresce que, para tão eminentes teólogos e conhecedores das Escrituras, não podia passar despercebido o contexto em que o texto do Gênesis foi escrito. Deviam saber que a passagem foi redigida dentro de uma organização clânica e tribal, onde a pertença à família era o valor social mais alto. Assim, "deixar seu pai e sua mãe para unir-se a uma mulher" (Gn 2:24) significava algo muito forte, o rompimento de um elo profundo. Era, pois, uma maneira de dizer quão valioso e importante o vínculo matrimonial representava para o povo, inserindo-se, pois, no que de mais íntimo o ser humano possuía. Jerônimo e os seus contemporâneos, por sua vez, bem sabiam da importância decisiva que as *gentes* (famílias unidas por um ancestral comum) no mundo romano e as *fratrias*, no grego, representavam para a civilização em que viviam, como Fustel de Coulange mostrou em obra clássica, *A cidade antiga*.[164] Estavam, dessa maneira, bem habilitados para entender a força e a profundidade da expressão usada na segunda narrativa da criação (Gn 2).

Se alargamos a explicação e colocamos tantas interrogações, foi para frisar a estranheza com que tantos pensadores, de inegável escol, passaram por cima de passagens tão claras ao longo de tão largo período.

Cabe, por último, uma derradeira indagação: como tantos autores – alguns cercados pela aura de santidade – não foram tomados pelo mais entranhado amor à verdade? João não registrou o ensino de Jesus que "a verdade é que liberta" (Jo 8:32)? Como, então, a verdade "do princípio" ficou esquecida? Como não se deu ouvido ao que Paulo pro-

---

[164] Numa Denis Fustel de Coulanges, *A cidade antiga*, v. 1, Livraria Clássica (Belo Horizonte), 1971, capítulo 10.

clamara: "Em verdade este mistério é grande", como imagem vivencial da união nupcial do cordeiro com sua esposa, a igreja (Ef 5:32; Ap 19:7).

Por que esqueceram?

Vamos tentar buscar uma resposta lançando mão de ensinamentos recentes da psicologia. Não que entendamos dessa complicada ciência. De modo algum. Na verdade, a tomamos emprestada a Carlos Vallés, brilhante jesuíta espanhol, que, desde jovem, vive na Índia. É autor de uma dúzia de proveitosos livros de espiritualidade (alguns aqui traduzidos) onde lança mão, não só das riquezas da cultura oriental, particularmente hindu, como também de aportes trazidos pelos psicólogos de hoje, inserindo-os na rica tradição da espiritualidade jesuítica.

Ao lermos o livro *Diez años después*, encontramos ali mencionada e sinteticamente explicada por Vallés o que Leon Festinger chama de *dissonância cognitiva*. Agora, ao tentar explicar não apenas o quatri-secular esquecimento da citada decisão tridentina, como também as surpreendentes posturas de São Jerônimo, Santo Agostinho, Santo Tomás e outros (sem falar no Dantec...) a propósito do casamento, chegamos à conclusão que o esclarecimento apresentado por Festinger vinha a calhar.

E se a apresentamos aqui, vamos fazê-lo também no intuito de vacinar a nós todos contra estes mecanismos psicológicos que podem enredar qualquer um de nós. Se temos verdadeiro amor à verdade – o que deveria ser apanágio de todo cristão consciente – é bom ficarmos atentos, de olhos bem abertos para não cairmos na cilada denunciada pelo psicólogo.

A "dissonância cognitiva"

Tentemos explicar em que consiste o mecanismo psicológico que Festinger descreveu baseando-se e aproveitando o breve apanhado traçado pelo jesuíta espanhol. Trata-se do seguinte: uma vez que se tenha na mente bem estabelecida uma determinada concepção ou a imagem de alguma coisa ou uma noção arraigada, toda a vez que surgem ideias, conceitos ou considerações que divergem das que temos na cabeça, a mente procura, então, de alguma maneira rechaçá-las – é a "dissonância".

E, muitas vezes, as repele pura e simplesmente, não as levando em consideração, nem tomando conhecimento delas. Agem como se tivessem entrado por um ouvido e saído por outro. Ou lançam mão de outro estratagema: procuram interpretá-las de uma maneira tal que leve a não admiti-las na sua integralidade, aceitando-as em parte sem que, todavia, implique na modificação do que se tem na cabeça, na mudança das concepções ou na alteração dos conceitos pré-existentes na mente. O modo de pensar, lá no fundo, continua incólume: segue-se pensando e agindo como antes.

A explicação pode parecer complicada. Mas a ocorrência da dissonância é mais frequente do que se pode pensar.

Ontem mesmo, uma amiga veio nos contar o ocorrido no colégio com o seu filho Zequinha. Por outra fonte isenta, sabíamos o que se passou: o filho pediu ao colega um pedaço do bolo que o outro comia. Este negou-se a dar-lhe. O Zequinha, ato contínuo, partiu para cima do companheiro aos murros e pontapés. O professor, que a tudo presenciara, chamou a mãe para aconselhá-la a procurar um tratamento para a agressividade do filho, pois não era a primeira vez que cenas similares aconteciam com o Zequinha. A mãe retrucou que, se isso acontecia, é porque os colegas provocavam o seu filho. E aduziu que em casa ele se comportava como um anjo. E, simplesmente, não admitiu, nem quis admitir que o Zeca tivesse acessos de agressividade.

Em outras palavras: entre a imagem que fazia do filho e uma diferente, ficou com a que tinha em sua mente, buscando na atitude dos outros, argumentos para justificar sua convicção. Eis aí a dissonância cognitiva em plena ação.

Um certo dia, Jesus voltou à sua terra precedido de grande fama (Lc 4:15). No dia de sábado, foi pregar na sinagoga. Todos se maravilhavam, ainda mais que haviam ouvido falar e tinham, pois, conhecimento das maravilhas que havia operado em Cafarnaum. Leu um trecho do profeta Isaías (Is 61:1) que Lucas mistura com um de Sofonias (Sf 2:3), para completar com outro de Isaías (Is 58:6). A leitura deixa claro aos ouvintes que "uma nova realidade" é anunciada. Deixa intuir que a tão esperada era messiânica chegou.[165]

Ora, segundo o reiterado ensino dos rabinos, o Messias "devia se manifestar de maneira espetacular e suas origens ficariam desconhecidas".[166]

Diante dessa lição, assente pacificamente na cabeça daquela gente, e uma situação nova que aparecia discrepante da habitual, a dissonância cognitiva funcionou, fazendo-os agarrarem-se ao que era assente. Como? "Não é este o carpinteiro, filho de Maria, irmão de Tiago (Mc 6:3; Lc 4:22)?" Que de espetacular podia existir com tão prosaica pessoa, de todas conhecida? E ficaram de tal modo "fixados na ideia que tinham na mente que acabaram tomados pela fúria" (Lc 4:28). E o nosso tradutor da vulgata também não ficou furioso com o pobre do Joviano?

Aliás, a dissonância recordada pelo Vallés é comuníssima na mentalidade das pessoas movidas por ideologias. Algum tempo atrás, apareceu uma entrevista dada por comunista convicto. Perguntaram-lhe como podia continuar acreditando no partido depois da queda do muro de Berlim? Depois que o império soviético ruiu estrondosamente, da noite para o dia, levando de roldão o que o comunismo implantara? O entrevistado declarou que isso tudo não importava porque as ideias e concepções pregadas pelo marxismo eram boas e acertadas e, menos dia mais dia, haveriam de ser admitidas e praticadas para o bem dos povos...

Exemplo mais acachapante, porém, é o fornecido pelos fariseus do tempo de Cristo. Na sua grande maioria.

---

[165] Rinaldo Fabris e Bruno Maggioni, *Os evangelhos*, v. 2, Loyola (São Paulo), 1992, p. 60.

[166] Rinaldo Fabris e Bruno Maggioni, *Os evangelhos*, v. 1, Loyola (São Paulo), 1992,
p. 486; B. Orchard e outros, *Verbum Dei: Comentario a la Sagrada Escritura*, tomo 3, Herder (Barcelona), 1960, p. 589; Mauro Odorissio, *Evangelho de Marcos*, Ave Maria (São Paulo), 2000, p. 86.

Ninguém pode negar que eram homens religiosos, praticantes devotados da Torá, frequentadores assíduos do templo e das sinagogas, leitores fervorosos das escrituras. Lá no íntimo, julgavam ter uma ideia firme de Deus e estavam convencidos do que os sacerdotes e mestres ensinavam. Eram coerentes com as práticas religiosas pregadas.

Quando apareceu alguém que apregoava "um ensinamento novo e com autoridade" (Mc 1:27), chancelando o que dizia com milagres portentosos que ninguém era capaz de fazer, qual foi a atitude daquele gente tão piedosa, religiosa, conhecedora da aliança e de suas práticas? Uma boa parte deles aferrou-se às ideias e doutrinas que tinham dentro de suas cabeças. Não quiseram abrir mão do que pensavam com tanta convicção. Buscaram uma explicação no mundo firme do que haviam "aprendido por tradição" (Mc 7:4) e orientava as suas vidas: "ele está possuído por Belzebu", "ele tem um espírito impuro" (Mt 12:24; Mc 3:22; Lc 11:15). Entre o que de novo viam, encontraram logo uma explicação para não abandonar suas velhas e arraigadas convicções: havia uma dissonância entre o que viam e o que pensavam. Preferiram ficar com o que lhes estava arraigado.

Mesmo porque cotejar minhas convicções com outras que se apresentam com feição de novas, exige trabalho. É mais fácil aderir à lei do mínimo esforço e ficar com o que já se sabe. Requer um bom grau de humildade, pois, no fim das contas, tenho que reconhecer que eu não estava bem certo. Pior ainda se do cotejo despontar uma luz dizendo que eu estava errado. O orgulho ferido vai encontrar na dissonância cognitiva uma boa saída, uma espécie de vacina contra a novidade afrontosa.

Já nos alongamos por demais na tentativa de explicar porque tanta gente boa, ilustre e santa esqueceu-se da verdade do "princípio", consignada no Gênesis, recordada por Cristo (Mc 10:6-9) e proclamada por Paulo como "um grande mistério", a união do homem com a mulher (Ef 5:32). Como também tantos pensadores de escol sepultaram, do século XVI até quase nossos dias, a valiosa definição dos fins do casamento declarada pelo Concílio de Trento: *amorem naturalem perficere, coniugesque santificare.*

Acreditamos que a explicação levantada por Carlos Vallés, com base nos estudos de Leo Festinger, pode-se aplicar à atitude de tantos fariseus como dos vários santos e teólogos que não lograram se desvencilhar em seus subconscientes dos malfadados ensinamentos de maniqueus, platônicos e estoicos.

Mas eram santos!

Não pensem os leitores que consignamos, até com uma ponta de ironia, as infelizes opiniões dos Agostinhos e dos Jerônimos para menosprezar ou depreciar a vida de tão famosos santos. Longe disso. Até pelo contrário, devo esclarecer – eu, o escrevinhador – para não pairar dúvidas que, na mocidade – que já vai longe – li com entusiasmo e admiração uma das mais importantes obras da literatura universal, *As confissões*, que Aurélio Agostinho escreveu. Anos mais tarde, quando se comemoraram os 1500 anos da publicação de uma de suas mais reputadas obras, *De civitate dei*, fiz um curso de quase um ano no Instituto Brasileiro de Filosofia sobre este livro, inaugural da filosofia da história no mundo cultural. Como tenho imensa saudade das magníficas aulas de introdução a Santo Tomás que assisti durante dois semestres no estudantado dos dominicanos, no convento das Perdizes, em São Paulo, onde sentava ao lado dos jovens estudantes como o único aluno que não trajava a famoso hábito branco... Como já depois de formado, orientado por um inesquecível e dos mais competentes mestres dentre os muitos que tive, o professor dr. Leonardo Van Acker, estudei longamente, com vibrante entusiasmo, o admirável e inexcedível tratado da Justiça que ocupa as "questiones" 57 a 66 da 2ª 2 ae da *Suma teológica*, com as ricas notas e explicações de J. Th. Delos, OP, publicadas na edição da *Revue des Jeunes*.

Pelo que escrevemos acerca do que santos e teólogos disseram equivocamente sobre o casamento, não merecemos, portanto, o título de iconoclastas, nem dá o direito de julgar que não somos capazes de apreciar os que foram elevados aos altares. Nem os equívocos e opiniões errôneas dos santos não desmerecem a Santa Madre Igreja. Muito ao revés, só servem para provar que ela é divina, capaz de resistir às deficiências de seus membros, mesmo santos, quanto mais de nós outros, pecadores. Infelizmente, muitos católicos pelo fato de acreditarem e amarem a Mãe Igreja, acham que na vida eclesial tudo é belo, perfeito e santo. Fazem logo cara feia e põem em dúvida a integridade católica de alguém que diga algo que macule a aura de perfeição que atribuem a todas as coisas da igreja. Ou defendem-na com explicações simplistas ou torcidas.

Outro dia, por exemplo, alguém em uma reunião lamentou a crueza e os abusos cometidos pelos julgamentos do que chegou a ser chamada, paradoxalmente, de Santa Inquisição. Um sacerdote presente tratou logo de amenizar a fealdade da coisa dizendo: "Mas a inquisição calvinista, na Suíça, foi bem pior...". O argumento parece com o que um advogado de defesa, em um júri popular, utilizou para amenizar a culpa do cliente: "Quem matou alguém com uma só facada, é menos culpado do que aquele que matou o outro com três tiros...".

Não foi sem razão que um dos padres da igreja a chamou de *casta Meretrix*. Aí está exatamente o grandioso *mysterion* da igreja dotada, ao mesmo tempo, da grandeza incomensurável de Deus enquanto é profundamente humana, sujeita à finitude da criatura, indissoluvelmente atada à complexa riqueza da liberdade, apanágio por excelência do ser criado. Inteligência e liberdade que permitem ao ser humano amar e, assim, tornar-se "imagem e semelhança" de Deus, "Daquele que é Amor" (1 Jo 4:8).

Exemplo mais do que frisante, encontramo-lo na comunidade dos primeiríssimos tempos. E logo com Pedro, o primeiro papa. E Paulo, o Apóstolos das Gentes.

Quando foi a Antióquia (hoje chamada de Antakya, na Turquia), a primeira cidade importante (500 mil habitantes) a que o evangelho chegou,[167] Pedro sentava-se à mesa com os pagãos convertidos. Estes não seguiam os costumes dos judeus de não assentarem-se à mesa com os incircuncisos. Mas depois da chegada de alguns ligados

---

[167] José Comblin, *Atos dos apóstolos*, v. 2, Vozes (Petrópolis), 1989, p. 15.

a Tiago, chefe da comunidade de Jerusalém, respeitadora dos antigos costumes, Pedro "ficou com medo" do que diriam os seus compatriotas e "deixou-se arrastar pela hipocrisia deles". Paulo não titubeou na "defesa da verdade do evangelho": "Opôs-se abertamente a Pedro pois ele era merecedor de censura", repreendendo-o "na frente de todos" como ele próprio escreveu (Gálatas 2:11-14).

Se até Pedro, chefe da igreja, equivocou-se ao ponto de amedrontar-se, por que o mesmo não poderia ocorrer com os Jerônimos e os Agostinhos? Por que eles e tantos outros, ao longo do tempo, não poderiam deixar-se levar pela dissonância cognitiva? Com o passar do tempo, sempre respeitando a liberdade e o curso do pensamento cultural, tão sujeito a influências do tempo e das circunstâncias, o Espírito Santo vai corrigindo os equívocos e enriquecendo o conhecimento da revelação. Foi assim que, no século passado, a verdade sobre o casamento, anunciada no tridentino, ressurgiu com o Vaticano II. E com o Sínodo dos Bispos de 1980 ganhou novas luzes e maior profundidade. Logo depois, pelo voto unânime dos padres sinodais, os avanços foram anunciados por João Paulo II na exortação apostólica "Familiaris Consortio".

A brilhante ressurreição de Trento

O celebrado concílio do século XVI, ao clarificar vários pontos da teologia, mormente face à Reforma, não só reiterou a existência dos sete sacramentos como melhor os definiu. Com respeito ao matrimônio, como já vimos e insistimos, mostrou que a sua existência tem por objetivo, a sua razão de ser, *fazer crescer o amor natural*, que um dia surgiu entre um homem e uma mulher com uma força de tal ordem que os levou a unir suas vidas e, assim, pelo mútuo amor, na vida comum, santificarem-se.

Quatro séculos depois do concílio realizado na cidade de Trento, o Vaticano II decidiu "encorajar os cristãos a promoverem a *dignidade original* e o singular valor sagrado do estado matrimonial" (GS 47/349). E aduziu para tanto que "é o próprio Deus o autor do matrimônio" em razão do que "Cristo Senhor abençoou largamente esse amor multiforme, originado na fonte da caridade divina", motivo pelo qual "ele vem ao encontro dos cônjuges e com eles permanece", visto que "o autêntico amor conjugal é assumido no amor divino e, assim, guiado e enriquecido pelo poder redentor de Cristo e a ação salvífica da Igreja" e por isso os casados são "como que consagrados" (GS 48/350 e 351).

A exortação apostólica de João Paulo II tornou, por sua vez, ainda mais clara, incisiva e adequada à realidade vivencial dos casados o que os dois concílios ensinaram.

É bom e necessário, por conseguinte, que todos nós, os casados, reflitamos e, acima de tudo, meditemos com as luzes da fé a eloquente e vivificante lição que João Paulo II nos presenteou. De modo muito particular, o que se encontra na parte final do item 13 da "Familiaris Consortio".

Depois de recordar que "cada sacramento comporta uma participação no amor nupcial de Cristo por sua igreja",[168] alerta que o matrimônio também participa dessa realidade:

Mas de modo próprio,
enquanto esposos,
a dois, como casal.

Para melhor clarificar e deixar esta participação isenta de qualquer dúvida, vai acrescentar, logo a seguir, algo absolutamente fundamental, capaz de espantar qualquer incerteza acerca da finalidade de nosso sacramento ao usar do que é natural para nos lançar no campo da santificação.[169]

---

[168] Tradução do original.
[169] "Não pode haver duas vidas paralelas: por um lado, a vida chamada "espiritual" e, por outro, a chamada "vida secular" ("Chistifideles Laicis" 59); "O raciocínio clássico de natural e sobrenatural não procede da Bíblia", B. Chenu e F. Coudreau, *La fe de los católicos*, Sigueme (Salamanca), 1986, p. 585; ver também J. Marcos Bach, *A esperança cristã*, Paulus (São Paulo), 1999, p. 86.

Vamos, por tal motivo, transcrever aqui o texto integral, devidamente expurgado do lamentável e grosseiro erro de tradução que saiu na edição em português do *L'Osservatore Romano*, reproduzido nas Edições Paulinas:

> O efeito *primeiro e imediato* do matrimônio
> (*res et sacramentum*) não é a graça *sobrenatural* propriamente,
> mas o *vínculo conjugal* cristão.[170]

E para deixar bem claro em que consiste o "vínculo conjugal cristão", vai socorrer-se da "Humanae Vitae" (HV) de Paulo VI.

> Trata-se das características *normais*
> do amor conjugal *natural*,
> mas com um significado novo a ponto de as tornar
> expressão dos valores cristãos (FC 13 in fine).

Dada a importância fundamental deste texto para o exato entendimento do que seja a espiritualidade conjugal, vamos examiná-lo melhor, esmiuçando os seus termos.

Salta aos olhos, desde logo, a afirmação que o casal possui um *modo próprio* de participar da realidade matrimonial. Qual esta maneira peculiar? Primeiro, é fácil constatar que é o único sacramento que se realiza "a dois". Os outros sempre são recebidos individualmente. Aqui não. "Somente no matrimônio", lembra Denis O'Callaghan, "dentre todos os sacramentos, o sinal sacramental consiste, na sua totalidade, em atos praticados por aqueles mesmos que recebem o sacramento e que são, essencialmente, atos que exprimem amor".[171]

---

[170] O texto, conforme a nota 23 do "Familiaris Consortio", é o mesmo do discurso de João Paulo II, em 3 de novembro de 1979, aos delegados do Cler e publicado, no original francês, na *La Documentation catholique*, Bayard Presse (Paris), n. 19, 18 de novembro de 1979, p. 963.

[171] *Concilium – Rivista Internazionale di Teologia*, Fundação Concilium (Holanda), n. 55, p. 617.

Ao passo que, em todos os demais, o sinal supõe sempre algo distinto daquele que recebe o sacramento. No batismo, é a água. Na eucaristia, o pão e o vinho. Na confirmação, o óleo. Na penitência, além do arrependimento e confissão dos pecados, a absolvição dada pelo sacerdote. Na ordem, a imposição das mãos e a oração consecratória pelo bispo.

Em segundo, "é um sacramento que parte e supõe uma *realidade pré-existente*, o amor entre os dois. E uma realidade natural, de tal forma que não existe, de um lado, a humanidade profana da união matrimonial e, de outro, o caráter sagrado do matrimônio religioso. É a própria realidade do amor humano, selada no sacramento que, daí em diante, é vivida no Senhor".[172] O cardeal Walter Kasper aponta para um aspecto por demais esclarecedor: "Não existe setor algum em que a fé e a vida entrem em um contato tão imediato e estreito como no matrimônio, pois que pertence tanto à ordem da criação como da salvação".[173]

Monsenhor Jacques Jullien, bispo de Beauvais, apresenta um caso real que atesta o que estamos dizendo. Mitchiko e Endo, japoneses, casaram-se como budistas. Depois, converteram-se ao catolicismo. Não tiveram, entretanto, que realizar nova cerimônia de casamento. O batismo deu aos dois uma vida nova que tornou sacramental a realidade humana já existente, "o velho casamento humano" realizado no budismo.

Acrescente-se, ainda, que é a única realização sacramental cujo sinal está ligado indissoluvelmente ao *corpo*. Vale dizer, à integralidade da pessoa humana como carne, alma e espírito. Ou seja, na totalidade do ser humano que é corporal, psíquico e espiritual.

Prossegue João Paulo II, afirmando que a participação "a dois,

---

[172] *Sedoc – Serviço de Documentação*, Instituto Teológico Franciscano (Petrópolis), n. 238, p. 671.

[173] Walter Kasper, *Teología del matrimonio cristiano*, Sal Terrae (Bilbao), 1984, p. 7; ver também Bernhard Häring, *El cristiano y el matrimonio*, Verbo Divino (Navarra) 1970, p. 59; Jacques Jullien, *Mariage chrétien, chemin de liberté*, END (Paris), 1982, p. 41; Pierre Adnes, *El matrimonio*, Herder (Barcelona), 1979, p. 159.

como casal, faz-se a tal ponto que gera um efeito" logo depois especificado e sublinhado. Que se entende, contudo, por efeito? Explica o abalizado Dicionário Aurélio que efeito é "o produto necessário de uma causa, o seu fim, o resultado prático".

A exortação papal explica, assim, que a ação sacramental tem um resultado prático primordial, *um efeito primeiro e imediato.*

"Primeiro", segundo o mestre Aurélio, "é aquele que precede qualquer outro, que é o mais importante".

E "imediato" é o que "não tem nada de permeio, que não supõe intermediário nem necessita de um terceiro".

Vê-se, assim, pelo próprio significado das palavras empregadas, como o matrimônio é dotado de características especiais que dispensa intermediação de atos especiais (ditos "religiosos") ou de ministros ordenados, padres ou bispos.

Visto e esclarecido o significado ou a qualidade do efeito produzido pelo sacramento, resta indagar qual o seu conteúdo. Ou melhor, onde vai atuar a força sacramental, a graça divina.

Aqui está o mais surpreendente, acima de tudo para gente de formação mais antiga (como nós), mas que não evoluiu e que continua a achar que Deus é encontrado apenas no "sagrado", nas coisas próprias da igreja, realizadas nos templos e capelas. Ou na interioridade das atividades piedosas, com "odor de santidade". Ou nos gestos caritativos de dar esmolas ou atender os órfãos e desvalidos. Em suma, daqueles que são vítimas inconscientes do nefando dualismo profano x sagrado, esquecidos que "Deus criou a ordem natural e nela colocou seu espírito santificador, sua graça, e seu impulso para a eternidade".[174]

É nesta perspectiva que a "Familiaris Consortio" declara que o "efeito primeiro e imediato" não é a *graça sobrenatural.*

Se o leitor paciente nos dá licença, quase nos atreveríamos a dizer que, mui provavelmente, foi esta "heresia" que levou nosso tradutor o cometer a asneira de escrever "o efeito primeiro e imediato não é... a graça sacramental..." Tolice que não é só erro de tradução,

---

[174] Hildo Conte, *A vida do amor: O sentido espiritual do Eros,* Vozes (Petrópolis), 2001, p. 33.

mas – o mais grave – da mais elementar falta de coerência e pensamento lógico: desde quando um sacramento não produz a graça sacramental... Talvez o pobre tradutor não tenha conseguido, lá no fundo, desvencilhar-se do horror ao profano – sempre tido como pecaminoso – para achar que um sacramento não pode gerar senão o que ele considera sobrenatural.

Por sorte nossa, foi o próprio João Paulo II que fez a surpreendente afirmação: "Não é a graça sobrenatural mas o vínculo conjugal" (FC 13).

Ora, "vínculo" significa, segundo o mesmo "pai dos burros", "tudo o que ata, liga, é nó ou liame". Ninguém duvida que, no casamento, o que ata e liga um ao outro, o nó ou liame entre marido e mulher, é o *amor*. Caso contrário, teremos uma ligação de fachada, um simulacro de união, um mero fato jurídico-formal.

Aliás, a força da ligação amorosa é tão grande que Leão XIII espantou muitos teólogos ao escrever: "Nossos predecessores, Inocêncio III e Honório III, puderam afirmar, sem temeridade e com razão, que o sacramento do matrimônio existe entre os fiéis e *os infiéis*".[175]

Isso porque – nunca vamos nos esquecer – "o amor é o próprio Deus, de tal forma que, onde houver amor, Deus vive e se faz presente. É o amor que é sacramento de Deus e, quanto mais autêntico e humanamente pleno, tanto mais sacramental se torna".[176]

Não foi por outra razão que Paulo VI recordou – vale a pena repisar – que o vínculo, no casamento,

**Tem as características
normais do amor conjugal natural (FC 13).**

Ninguém melhor do que nós, casados, é capaz de entender, em profundidade, esta valiosa e entusiasmante lição. Só nós podemos, em verdade, saber e viver o que é este amor natural. Se alguém, julgando-se muito católico, achar necessário agregar o qualificativo cristão

---

[175] "Arcanum Divinae Sapientiae", n. 11, 10 de fevereiro de 1880.

[176] Battista Borsato, *O sacramento do matrimônio: Caminho de redescoberta*, Loyola (São Paulo), 1995, p. 49.

ao "amor natural", demonstra que não entendeu bem a lição: o amor conjugal entre cristãos é sempre o amor natural, aquele mesmo que é cantado, em prosa e verso, em todos os lugares e em todas as línguas, aquele mesmo que só os verdadeiros amantes vivem e conhecem.

Já que falamos no qualificativo cristão, não podemos deixar de assinalar que o amor natural não deixa de ser uma forma do "'amor ao próximo", incutido no primeiro mandamento. Mas de uma forma toda especial, muito mais profunda e vinculante porque ressoa lá na profundidade mais íntima de duas pessoas. E faz vir à tona, nos gestos, palavras, pensamentos e atitudes, o que é próprio e específico da masculinidade e da feminilidade, com um vigor de tal intensidade que leva o casal à miraculosa fusão de, cumprindo o ditame inicial da criação, tornar-se "um só corpo". E o próprio Criador, alegre e satisfeito com os dois, aquinhou-os com o paroxismo do prazer, fazendo com que eles sintam, neste mundo, um pouco do gosto e da alegria do Paraíso.

Foi com plena justeza que Paulo VI, falando às Equipes de Nossa Senhora, lembrou "que não há amor conjugal que não seja, no momento de sua *exultação*, um impulso para o infinito e que não deseje, nesse arrebatamento, ser total, fiel, exclusivo e fecundo" (HV 9).

Poder-se-ia nesta perspectiva, do "impulso para o infinito", dizer que na culminância do encontro conjugal o ser humano pode desvelar e conhecer um pouco, na sua capacidade finita, o Amor que Deus é.

Poder-se-ia ainda dizer que os dois, marido e mulher, no apogeu da mútua doação, rememoram e revivem, no limite de suas capacidades vivenciais, o mesmo amor com que Cristo se entregou a todos nós na cruz (FC 13) para que fosse possível, no dizer de João, realizar-se "as núpcias do Cordeiro com a esposa vestida do branco mais brilhante e puro" (Ap 19:7).

A máxima densidade sacramental

Paulo VI adiciona uma observação que para o intuito destas linhas é de capital saliência.

Diz o pontífice que no sacramento matrimonial o amor natural ganha um
Significado novo
que o torna expressão
dos valores cristãos (FC 13 in fine).

A "Familiaris Consortio" depois de recordar, uma vez mais, que o casamento "é a fonte própria e o meio original de santificação dos cônjuges", vai apontar e insistir em um aspecto básico do sacramento. O lamentável é que, nem sempre, os que se casam têm conhecimento dele. Ou pelo menos não têm uma consciência clara e vivencial, no dia a dia, a respeito de sua frutuosa atuação.

Eis o texto carregado de teor existencial voltado para o cotidiano:

O dom de Jesus Cristo
não se esgota **na celebração**
do matrimônio, mas *acompanha*
os cônjuges ao longo de
toda a existência (FC 56).

E, por este motivo, "eles avançam sempre mais na própria perfeição e mútua santificação e cooperam, assim juntos, para a glória de Deus".

Já muito antes do concílio, nos idos de 1961, o padre Caffarel, apoiado na experiência vivida pelos fundadores das Equipes de Nossa Senhora, dizia: "Esses dois amores, o de Cristo e o do cônjuge, são ambos do tipo totalitário, exclusivo, não admitem conciliação: um não se sobrepõe ao outro e, também, não podem ser vividos separadamente, de forma independente".

E, um pouco mais adiante, vai dar a razão para o que afirmou: "O amor de Cristo utiliza, nesse sacramento, o amor humano como em outros a água ou o óleo consagrado para manifestar-se e comunicar-se".

E acrescenta uma observação que podemos até considerar como eco de Trento. Não só isso, mas também um encorajamento para os casais lograrem vencer os tropeços que, volta e meia, ocorrem em suas vidas. Diz ele que "o sacramento não é só para santificar as almas, mas também para transfigurar o próprio amor conjugal, ao mesmo tempo tão fervoroso e tão frágil".[177]

Onde está, porém, o que ele chama de "transfiguração do amor conjugal?" Qual é esta como que metamorfose do amor? Mudança que vai dar uma força nova e o vigor necessário para vencer os tropeços, desentendimentos, rusgas, decepções, mau humor e outros obstáculos, tão comuns na vida de qualquer pessoa casada. Mesmo porque, como nossa própria experiência mostra, sem uma força superior é muito difícil, senão impossível, superar as várias dificuldades que ocorrem no relacionamento de marido e mulher.

A resposta já foi dada por João Paulo II quando afirma que na ação sacramental o amor natural ganha um "significado novo" (FC 13 in fine). Em que consiste este sentido que dá ao amor natural uma nova característica?

Não existe nada mais natural do que a água. Ou o pão. Ou o vinho. Ou o óleo. Ou a palavra.

Entretanto, no batismo a água ganha, não só um significado novo, mas torna-se expressão, por excelência, de "valores propriamente cristãos", para usar a expressão da "Familiaris Consortio". O mesmo ocorre, sem dúvida, com o pão e vinho na eucaristia, o óleo na unção dos enfermos e as palavras na penitência. É, pois, a visão de fé que opera a transfiguração, dando ao que é absolutamente natural a dimensão sacramental.

O mesmo ocorre com o amor natural: quem tem a graça de mirar os gestos, palavras e atos amorosos não apenas com o simples olhar humano, mas, através dele, *conhecer as realidades que não se veem*, viver o sacramento como se lê em Hebreus 11: 1.

Nesta perspectiva teologal, o encantamento dele por ela e a fascinação dela por ele ganham um "significado novo": a feição romântica que enfeitiça os dois sobe aos páramos do amor divino. O

---

[177] Jean Allemand, *Henri Caffarel: Um homem arrebatado por Deus*, Equipes de Nossa Senhora (São Paulo), s.d., p. 39.

beijo, o abraço, a dedicação recíproca, a entrega mútua ganham um "significado novo" porque são, na realidade, sinais sacramentais, tal como a água o é no batismo, o singelo pão e o inebriante vinho o são na eucaristia.[178]

Não foi por outra razão que o Vaticano II, dando fundamento ao que aqui dissemos, declarou que é sacramental.

> A afeição natural que se exprime
> e se realiza de maneira
> singular pelo ato próprio
> do matrimônio (GS 49/355).

Na valiosa contribuição que o Conselho Episcopal Latino-americano (CELAM) deu ao Sínodo dos Bispos sobre a família ficou declarado que:

> O ato conjugal é o momento
> de máxima densidade sacramental
> da vida matrimonial.

Já ficou dito aqui, mais de uma vez, que ao longo da história, na igreja, os teólogos e pregadores não nutriram muita devoção e simpatia ao casamento. Salvo para falar na família. Falar na beleza e santidade familiar sem, antes, mostrar toda a riqueza e a operosidade do sacramento que dá origem à entidade familiar é como malhar em ferro frio. Uma das razões dessa omissão é, sem dúvida, a quantidade de preconceitos lançados sobre o sexo. Outra, a supervalorização dada ao celibato e à virgindade, propagados como "estados-de-perfeição" – expressão que, inconscientemente, acaba significando que os casados são cristãos de segunda classe, aqueles

---

[178] Com acerto, Leonardo Boff recorda em admirável livro, hoje traduzido e apreciado em várias línguas: "Os sacramentos são sinais que contêm, exibem, rememoram, visualizam e comunicam uma outra realidade, diferente deles mas presentes neles" in *Os sacramentos da vida e a vida dos sacramentos*, Vozes (Petrópolis), 1975, p. 18.

que não tiveram a coragem de buscar a perfeição... Outra, talvez, tenha sido a dificuldade de considerar como sinais sacramentais gestos, atitudes e palavras tão banais e carnais como as usadas pelos casais que se amam.

A verdade, porém, é que o devotamento de um cônjuge para com o outro, manifestado pela maneira natural que for, constitui-se em *sinal sacramental* que "destina-se a aperfeiçoar o amor entre eles", como já dizia Trento e o Novo Catecismo repete (1641).

Relembrando que o que é *específico* do sacramento do matrimônio determina o *specificum* da espiritualidade conjugal, colocamos um ponto final neste sucinto apanhado sobre a sacramentalidade do casamento, lembrando, com o apóstolo João que:

> **Todo aquele que ama nasceu de Deus e conhece a Deus porque Deus é Amor (1 Jo 4:7-8).**

Retiro espiritual para casais: sugestões

Desde a juventude, nos acostumamos, os dois, a fazer a cada ano um retiro espiritual. É bom esclarecer que estávamos em colégios onde, mercê de Deus, recebemos uma boa formação católica. Quer no Colégio Des Oiseaux, dirigido pelas cônegas de Santo Agostinho, quer no Colégio São Luís, orientado pelos jesuítas, ambos situados na cidade de São Paulo. Nossos educadores, freiras ou padres, sempre insistiram muito na importância dos retiros para a vida espiritual do cristão. Tanto que os promoviam anualmente.

Apesar do presente texto ser escrito por um casal, não é preciso esclarecer que as religiosas organizavam os retiros para suas educandas – muitas daquele tempo ornadas por encantadoras trancinhas – e os padres jesuítas para os marmanjos do colégio que nem sequer sabiam que as beldades do Des Oiseaux faziam retiros fechados. Nos dias que correm, é bom fazer tal esclarecimento para evitar interpretações impensáveis naqueles "anos dourados".

Basta recordar, para provar a tese, que ainda aluno do colegial, o autor masculino destas linhas fez o retiro de Santo Inácio, em Itaici, em absoluto silêncio durante oito dias. É, talvez, outra coisa que parece impensável nos dias que correm. Mais tarde, no mesmo ano em que se formou na Faculdade de Direito, então bem mais maduro, fez de novo os "exercícios espirituais" de oito dias. Também em silêncio.

Aos dois anos de casados, tivemos a graça de entrar para um movimento de casais que se iniciava no Brasil, as Equipes de Nossa Senhora, o que foi decisivo na vida de nós dois. Aí tomamos conhecimento de uma maneira de viver a nossa fé de uma forma diversa da que sempre ouvíramos falar, quer no colégio das freiras quer no dos jesuítas. Foi-nos revelada, então, a existência de uma espiritualidade nova, distinta daquela em que fôramos educados. Descobrimos, cheios de admiração, que existia um tipo de vida espiritual destinada aos casados e que tinha por fonte o sacramento do matrimônio. A descoberta foi entusiasmante e transformadora. Tanto que passamos a nos dedicar com afinco ao movimento. Com a leitura dos livros e artigos do padre Henri Caffarel, sem falar nas inúmeras conferências dele que assistimos, aqui e na França, fomos enriquecendo não só o conhecimento da grande descoberta como nos esforçando, com a ajuda da graça, a fazer crescer a vivência da espiritualidade conjugal.

Como ninguém conhece os seus próprios caminhos, em 1981, Deus nos preparou uma surpresa que jamais havia passado por nossa cabeça, ao ponto de deixar-nos boquiabertos. Por motu próprio, "Familia a Deo Instituta" de 9 de maio de 1981, João Paulo II criou o Pontifício Conselho para a Família (PCF), presidido por um cardeal e integrado por vinte casais das mais diversas partes do mundo.

Não é que nós dois, para nossa completa surpresa, fomos um dos casais nomeados diretamente pelo papa. Tivemos assim, durante cinco anos, a oportunidade – seria melhor dizer, a benção – de estudar em profundidade os ensinamentos do concílio e, acima de tudo, a exortação "Familiaris Consortio", considerada a Carta Magna do matrimônio e da família.

Como o conselho realizava uma assembleia geral a cada ano, com a duração de oito dias, recebíamos com bastante antecedência os documentos que devíamos estudar para discuti-los nas reuniões. Sem falar que cada um dos membros devia preparar e apresentar uma exposição, durante as reuniões plenárias, sempre sobre um tema extraído da "Familiaris Consortio". Destas participavam, além de todos os membros leigos, os cinco ou seis bispos que compunham o chamado Comitatus

Presidentiae incumbido, junto com o cardeal-presidente, de dirigir o conselho. Dentre eles, estava a querida figura do saudoso dom Lucas Moreira da Neves, OP. No corpo de peritos e assessores externos, havia gente de escol, como o simpático e experiente padre Pedro Richards, fundador do Movimento Familiar Cristão, um jovem e competentíssimo teólogo chileno, padre Hernani Alessandri, com quem já havíamos trabalhado no Celam, e um renomado liturgista, o salesiano Achille Triacca, só para destacar alguns que nos veem à memória.

Ademais, é indispensável mencionar um outro aspecto relevante. Lá no PCF tivemos a oportunidade de ouvir e, posteriormente, estudar algumas conferências por demais enriquecedoras.

Tanto as alocuções feitas por João Paulo II nas audiências especiais que nos concedia, como as exposições feitas pelos casais, bem assim as várias conferências realizadas, depois de vertidas para o italiano, foram publicadas em três volumes pela Elledici.

Aqui, para o nosso propósito, não podemos deixar de destacar uma das conferências que, sem desmerecer outras, pareceu-nos verdadeiramente magistral, pois, sem dúvida, pelo menos para nós dois, assumiu ares de uma autêntica revelação. Revelação no sentido de colocar em ordem, de uma maneira teológica e coerente, dentro de um pensamento claro, bem exposto e aprofundado, tudo que havíamos ouvido, lido e aprendido nas Equipes de Nossa Senhora. Foi a que o então monsenhor Dionigi Tettamanzi nos brindou em 27 de maio de 1987 sobre "La sacramentalità del matrimonio e la espiritualità coniugale". É preciso confessar que foi aí, ouvindo e, depois, lendo e estudando com denodo a conferência que logramos colocar, de forma bem estruturada e clara, o nosso pensamento sobre o apaixonante assunto. Mais, o que ali aprendemos serviu de sólida base para que penetrássemos, com proveito, em muitos outros textos e livros. Maximé na longa e profunda – e por isso mesmo – laboriosa e rica catequese desenvolvida por João Paulo II ao longo dos dezoito primeiros meses de pontificado e posteriormente publicada sob o sugestivo título *Uomo e donna lo creò: Catechesi sull'amore umano*.[179]

---

[179] João Paulo II, *Uomo e donna lo creò: Catechesi sull'amore umano*, Libreria Editrice Vaticana/Città Nuova (Roma), 1985.

Uma parte dessa catequese o Santo Padre ofereceu, em 26 de setembro de 1980, em primorosa edição encadernada, aos padres sinodais como "sua contribuição pastoral ao Sínodo sobre a Família". Quando da primeira assembleia do Conselho para a Família, o papa, em pessoa, fez questão de oferecer carinhosamente a cada um de nós um exemplar do precioso livro cujo título, em si mesmo, já é um incentivo rico e instigante: *L'amore umano nel piano divino*.

Por que, há de perguntar o leitor, tão longa introdução para escrever sobre os retiros espirituais para casais? Desculpem, mas pareceu-nos de bom alvitre, antes de entrar no assunto, apontar ainda que de forma sucinta alguns pressupostos doutrinários que servirão para fundamentar a nossa opinião sobre o assunto.

Ainda mais que, até tempos recentes, quase nada se conhecia acerca do dinamismo do sacramento do matrimônio e, menos ainda, sobre a sua espiritualidade. Tal situação, como bem lembra o *Dicionário de espiritualidade* organizado por Stefano de Fiores e Tullo Goffi, publicado pela Paulus, decorre da supervalorização que sempre se deu, na igreja, à dimensão monacal e clerical da vida espiritual, de tal sorte que qualquer outro tipo de espiritualidade assumia ares de uma vida marginal, de nível inferior.

A melhor prova é a lista de santas e santos que ascenderam à gloria dos altares porque, depois de enviuvarem, buscaram a "vida perfeita" (sic) nos mosteiros e conventos. Isso para não citar o elogio que no antigo Breviário era dado a Santo Henrique, imperador da Alemanha, por haver devolvido à família do sogro, já no fim de sua vida, a sua esposa igualmente santa, Conegundes, "absolutamente virgem como a recebera".[180]

É de elementar justiça esclarecer que o exemplo do "casal" real da Alemanha não está nas páginas do abalizado *Dicionário de espiritualidade*, que antes mencionamos. Como também estamos convencidos, sem necessidade de invocar larga dose da virtude teologal da confiança, que nenhum leitor, casado, noivo ou enamorado, vai se tornar devoto ou imitador de Conegundes e Henrique.

---

[180] Cf. Esther Brito Moreira de Azevedo e Luiz Marcello Moreira de Azevedo, *O matrimônio: Para que serve este sacramento?*, Vozes (Petrópolis), 1997, p. 31.

Voltemos ao dicionário, depois dessa "real" interrupção. Ali, no verbete família, após lembrar a dimensão clerical e monacal que se deu à vivência religiosa, os autores da obra mostram como esta "irrefletida identificação" acabou considerando "como a vida leiga fosse necessariamente uma forma subalterna de existência cristã". Logo adiante, acrescentam algo que fazemos questão de transcrever *ipsis literis*, para não sermos taxados de tendenciosos, exagerados ou descomedidos: "No mesmo contexto, deve-se enfatizar o fato de que em época relativamente recente, sobretudo no mundo católico, os mestres e escritores de espiritualidade e, principalmente, os teólogos viveram, como norma, fora da condição conjugal, de modo que, com muita *frequência*, tinham uma imagem substancialmente *desfocalizada* (quando não deformada) por causa da escuta da *patologia conjugal* que foi e continua sendo apresentada, sob muitos aspectos, no *confessionário*" (grifamos).

Se os que nos leem permitem aduzir algo de nossa própria experiência, seja-nos ilícito dizer que, não poucas vezes, em sermões ou conferências ouve-se dizer coisas a propósito do casal – ou melhor, esta entidade é pouco referida: prefere-se sempre falar em pais e mães de família – coisas, como dizíamos, distantes da vida como a Lua da Terra, sem os sutis arpejos que dão sonoridade e encantamento à melodia conjugal.

Acrescente-se mais uma observação extraída do citado dicionário que, em boa hora, a Paulus editou: "A segunda razão do atraso da reflexão sobre a espiritualidade conjugal é a sua insuficiente elaboração teológica a nível de eclesiologia e da teologia dos sacramentos".[181]

É por tais razões que achamos de bom alvitre tecer algumas considerações preliminares, de ordem doutrinária, como dissemos acima, para servirem de premissas ao que pretendemos dizer sobre o que deve ser um retiro para casais.

É inútil principiar dizendo que retiro não é, de forma alguma, um fim em si mesmo. Muito pelo contrário. É uma prática colocada à

---

[181] Stefano de Fiores e Tullo Goffi (org.), *Dicionário de espiritualidade*, Paulus (São Paulo), 1989, pp. 433-442.

disposição do povo de Deus para auxiliá-lo em sua vida religiosa, para ajudá-lo a melhor viver o seguimento a Cristo, para buscar "ser santo como o Pai é santo".

É inegável, assim, que o retiro insere-se na "vocação universal à santidade", preconizada pela "Lumen Gentium" (LG) em seu capítulo v com "palavras sobremaneira luminosas", como João Paulo II acentuou.[182]

O texto conciliar afasta a ideia – ainda presente na cabeça de alguns – que a santidade é prerrogativa daqueles que escolhiam o que, errônea e arrogantemente, chamavam "estado-de-vida perfeito". Não será que tal qualificação era assim usada porque os que adotavam esta maneira de viver não corriam o risco de serem manchados pelo sexo contrário? O certo é que todos, quer pertençam à hierarquia, quer sejam por ela apascentados, são chamados à santidade, segundo as palavras do apóstolo: "Pois esta é a vontade de Deus, a vossa santificação" (1 Ts 4:3; LG 40/101). No que toca, contudo, àqueles que são casados, os padres conciliares fizeram questão de enfatizar que:

> **Os esposos devem seguir o *próprio caminho* (1/107) visto que os cônjuges são como CONSAGRADOS com um sacramento especial.**[183]

Tanto que a "Familiaris Consortio" não titubeia em dizer que daí nasce *um verdadeiro e próprio ministério* de tal grandeza e esplendor que Santo Tomás não hesita em compará-lo ao ministério dos sacerdotes.[184]

Não foi, pois, sem razão que São João Crisóstomo declarou que o matrimônio encerra uma vocação que *não é em nada inferior à vida monástica pelo que os esposos não têm o que invejar aos monges.*

Acontece que o matrimônio é, por vários motivos, como bem sabem os leitores, um sacramento bem diferenciado em relação aos demais.

---

[182] "Christifideles Laici" 16.
[183] Catecismo da Igreja Católica (CIC) 1134; "Gaudium et Spes" 48/351; Cat. Ig. Cat. 1638.
[184] "Familiaris Consortio" 38.

Para não prejudicar o encadeamento do raciocínio permitam lembrar, em primeiro lugar, como João Paulo II ressalta mais de uma vez, que ele é um *sacramento natural* (Catecismo 1601; CIC can. 1055§1), que tem o seu sinal e sua realização no AMOR QUE UNE MARIDO E MULHER. Daí ele ser um sacramento PERMANENTE (GS 48/351; CC 116) que atua e infunde a graça a cada vez que o SINAL sacramental é colocado, isto é, toda vez que marido e mulher, seja por um gesto, palavra ou ato, dão demonstração de seu recíproco AMOR. Não de um amor platônico ou angelical, mas daquele que mantém *as características normais de todo o* AMOR CONJUGAL NORMAL.[185]

É aí, precisamente, no cultivo do amor que os une, que os esposos vão encontrar o seu *meio original de santificação* como assevera e garante a "Familiaris Consortio", insistindo, para espancar qualquer dúvida, que "a vocação universal à santidade é dirigida também para os cônjuges e traduzida, *concretamente*, nas *realidades próprias* da existência *conjugal*".[186]

Logo a seguir, porém, o Santo Padre acrescenta algo que, para o propósito do assunto que aqui procuramos tratar, é da mais fundamental e decisiva importância: "Nascem daí (dessas realidades) a *graça* e a *exigência* de uma autêntica e profunda *espiritualidade conjugal*.

Para bem completar o que João Paulo II quis ensinar, é imprescindível, ainda, lembrar e enfatizar o que pouco mais adiante ele vai dizer. Apoiado no ensino deixado pelo apóstolo São Pedro, muito oportunamente recordado pela "Lumen Gentium", o papa vai asseverar que esta vivência espiritual dos casados *transforma* o "*cotidiano* em um contínuo *sacrifício espiritual* mercê do *sacerdócio régio* que todos nós, 'como um povo escolhido', fomos investidos".[187]

Eis que chegamos a outro ponto crucial. Crucial porque esbarra em um muro muito difícil de ser transposto: as deformações e deturpações em que, muitos de nós, fomos formados e dentro das

---

[185] "Familiaris Consortio" 13 in fine; Catecismo 1643.
[186] "Familiaris Consortio" 56.
[187] 1 Pedro 2:5; "Lumen Gentium" 34/87.

quais sempre vivemos. O mais daninho é que continuamos a pensar e refletir segundo estas ideias que ficaram incrustadas na cabeça. E o pior é que, bem lá no fundo, não gostamos de querer mudá-las porque a mudança dá, não só trabalho, mas exige a humildade de admitir que não estávamos bem certos, que nos equivocamos em algo que nos parecia pacífico, tranquilo e acertado. Quem chama a atenção para o fato é um ilustrado jesuíta espanhol que, além de ter sido formado no pensamento ocidental, sempre viveu na Índia, onde absorveu muito das riquezas da milenar cultura daquele país, tanto que chegou a ganhar a medalha de ouro, em 1979, como o melhor escritor da língua guzerat, falada na região de Lonavala. Carlos Vallés, o tal jesuíta mais hindu que espanhol, recorre ao que um psicólogo conhecido, Leo Festinger, chama de dissonância cognitiva para explicar um fenômeno muito mais comum do que se pensa, assim explicado: quando se tem uma imagem (ou ideia) bem assente na nossa cabeça, tudo o que não concorda com ela (é a dissonância) ou a gente rechaça, não admitindo sem mais, ou procuramos adaptá-la ao que pensamos, ou a interpretamos de forma que não contradiga o que está na nossa mente.[188]

A digressão, talvez longa, pareceu-nos relevante para abordar outra noção, de natureza doutrinária, indispensável para melhor explicar a fundamentação do que, em nosso entender, deve ser um retiro a ser pregado para os casados.

Não pensem que a preocupação surgiu por mera dedução lógica da nossa parte. Não, de maneira alguma. Ela surgiu de uma constatação efetiva, observada na prática. Em um retiro que pregamos, tempos atrás, ao final foi pedido aos participantes que preenchessem umas folhas de avaliação, como sempre se faz, para poder julgar o que saiu bem e o que poderia ser melhorado. Uma das críticas formuladas por vários casais nos surpreendeu bastante: disseram que o retiro foi bom mas *faltou espiritualidade*. Vejam que coisa mais espantosa: um retiro pregado exclusivamente sobre a espiritualidade conjugal alega-se que faltou, justamente, espiritualidade! De duas uma, ou o tal retiro foi um retumbante fracasso, uma grandíssima inutilidade ou

---

[188] Cf. Carlos G. Vallés, *Diez años después*, San Pablo (Bogotá), 1999, pp. 20 e 97.

os que fizeram a crítica caíram na tal dissonância cognitiva: tinham dentro da cabeça uma noção deformada ou deturpada do que seja espiritualidade. Como afirmaram, graças a Deus, que o tal retiro não foi um fracasso, temos que nos apressar a esclarecer, de uma maneira sucinta e acessível, o que se deve entender por *espiritualidade*. Se bem que isso já está contido – ou pelo menos pressuposto – no texto da "Lumen Gentium" e no de São Pedro recordados por João Paulo II na "Familiaris Consortio", antes citados.

Os retirantes que apontaram a "falha", fazem uma ideia bem falsa, antiquada e até mesmo um tanto quanto infantil de espiritualidade, inculcada, talvez, em catecismo bem elementar. Pensam, por isso, como tanta outra gente, que a espiritualidade consiste tão só em rezar o rosário ou outro tipo de devoção; em ir a igreja visitar o Santíssimo; em ler a vida de um santo ou a Bíblia; ajudar as obras paroquiais; assistir reuniões piedosas; tomar parte em procissões ou em outras atividades cercadas de um halo piedoso, devocional ou caritativo. Em suma, parece-lhes que a espiritualidade está sempre ligada ao que se passa na casa de Deus ou na interioridade espiritual para, assim, adquirir um "odor de santidade". O pensamento subjacente a tal maneira de ver repousa na noção que o cristão, para tornar-se virtuoso, deve estar sempre voltado para as coisas do céu, manter-se longe do mundo profano, aliciante, pecaminoso...

A descrição pode parecer até um tanto quanto caricatural ou exagerada, como se estivesse inspirada na vida de velhas beatas. Contudo, bem analisadas as coisas, não se pode deixar de reconhecer que muitos cristãos, até hoje, em maior ou menor grau, julgam que esta é a feição própria da vida cristã. Não percebem, contudo, que esta visão está alicerçada em um fundamento falso, apesar de assaz difundido. Não se dão conta de uma malévola e desastrosa fundamentação, infectada pelo trágico vírus platônico, caracterizado pelo antagonismo entre o corpo e o espírito, o material e o imaterial, o corpóreo e o celestial. Vírus terrível que o maniqueísmo, lá nos começos do cristianismo, juntando-se ao estoicismo, desenvolvido na Grécia pela corrente filosófica de Zenão de Cítio, acabou deixando sulcos profundos na piedade cristã. Graças, sobretudo, aos cenobitas e eremitas que, por deixarem o mundo, retirando-se para a solidão do deserto, causavam profunda admiração nos fiéis. Ocorre que boa parte destes monges não só elogiavam como adotavam as rigorosas práticas ascéticas dos estoicos, visto que nutriam especial consideração por suas ideias. Uma delas foi estabelecer uma distinção, com laivos de essencialidade, entre o natural e o sobrenatural. Outra, a dicotomia entre o amor humano e o divino, no que resultava a oposição entre um e outro. Outra ainda, o divórcio entre o sagrado e o profano, como se as atividades humanas, como o trabalho, a cultura, a ciência, a família e o sexo fossem estorvos para chegar até Deus.

Dissemos que a descrição antes feita para apontar o que muitos pensam acerca da espiritualidade pode parecer até exagerada. Será que é? Um dos maiores vultos do século passado, tanto no mundo da igreja como no das ciências humanas, o jesuíta Pierre Teilhard de Chardin, dizia em admirável livro: "Não me parece que eu esteja exagerando ao afirmar que, para nove décimos dos cristãos praticantes, o trabalho humano não passa de 'estorvo espiritual'. Apesar da prática da reta intenção e do oferecimento do dia a Deus, cotidianamente, a massa dos fiéis conserva obscuramente a ideia de que o tempo passado no escritório, na oficina, nos estudos, nos campos (em casa) ou nas fábricas, é tempo tirado da adoração. Sob o império deste sentimento, existe uma massa de católicos que leva existência praticamente dúbia ou aborrecida; tais católicos precisam despir a roupa de homens para se vestirem de cristãos, e mesmo assim somente cristãos inferiores".[189]

Outro autor, com acuidade, adverte sobre o "risco de esvaziar de significado espiritual a quase totalidade da existência e de induzir ao erro de acreditar que só se pode encontrar Deus em alguns momentos privilegiados de oração" e conclui de forma incisiva e de largo alcance existencial: "É o conjunto da vida que deve agradar a Deus e *ser fonte* de vitalidade espiritual".[190]

---

[189] "O meio divino: Ensaio sobre a vida interior" in Stefano de Fiores e Tullo Goffi (org.), *Dicionário de espiritualidade*, Paulus (São Paulo), 1989, p. 351.

[190] Ibid.

Nem poderia deixar de ser assim. Já o apóstolo Paulo conclamava os fiéis de Corinto: *quer comais, quer bebais, quer façais* qualquer outra coisa, *fazei tudo isso para glória de Deus* (1 Cor 10:31). Foi essa vigorosa e fecunda admoestação que levou os filhos de Inácio de Loyola – santo padroeiro dos retiros – a colocar em todas as obras, templos, casas e colégios jesuíticos, o singelo e altamente significativo distintivo: AMDG (Ad Maiorem Dei Gloriam = Para a maior glória de Deus).

Aos colossenses, o apóstolo repetia a mesma coisa com outras palavras: *O que quer que fizerdes, por* palavras *ou* ação *fazei-o em nome de Jesus Cristo*.[191]

Se se quiser voltar, aqui também, à inspiração das inspirações que o célebre leigo, o capitão Iñigo de Loyola teve em Manresa, é mister repetir o mote de sua vida: *Buscai a Deus em todas as coisas*. E como bem lembra um seu comentador, "Entende-se pela palavra 'coisas' as realidades humanas, históricas e *cotidianas*".[192]

Não foi por outra razão que o Concílio Vaticano II declarou e João Paulo II depois repetiu: "A espiritualidade dos leigos deverá assumir características próprias" ("Apostolicam Actuositatem", AA, 4/436; "Christifideles Laici" 56), de tal forma que "nem os *cuidados da família*, nem os demais assuntos seculares devem ser estranhos à espiritualidade".[193]

Tais ensinamentos, datados do século XX, não passavam de eco do que os romanos leram, lá no primeiro século, na carta que um cidadão do império, nascido em Tarso da Cilícia, mandara a diaconisa Febe entregar aos cristãos da grande capital imperial (cf. Rm 16:1): "Nós sabemos que TUDO concorre para o bem dos que amam a Deus e são chamados segundo seus desígnios".[194]

Logo, ao contrário do que pensa muita gente "piedosa" por demais, a espiritualidade não se realiza apenas pelas orações e jacula-

---

[191] Colossenses 3:17.
[192] Ver J. B. Líbano, *O discernimento espiritual revisitado*, Loyola (São Paulo), 2000, p. 71.
[193] "Apostolicam Actuositatem" 4/1340.
[194] Romanos 8:28.

tórias, jejuns e devoções, leituras espirituais ou cultos regados à água benta e perfumados pelo incenso sagrado.

Outro dia, aqui em casa, em animada conversa para radicalizar o que estamos a dizer, veio à baila alguns exemplos que entram pelos olhos. Eis alguns: quando Francisco se colocou nu, na praça central de Assis com intuito de pôr a nu o seu desprendimento das riquezas, não estava praticando a espiritualidade? Joana D'Arc, revestida de sólida armadura, de lança em riste, aos gritos belicosos, comandando a tropa francesa, não estava praticando a espiritualidade? E o nosso beato José de Anchieta, subindo e descendo a serra do Mar, pisando as areias fofas de Ubatuba ou escrevendo à luz de vela de sebo uma complicada gramática tupi-guarani, usada até hoje, não vivia a sua espiritualidade? E o padre Manoel da Nóbrega ao escolher o lugar e fundar o Colégio de São Paulo, não estava sendo fiel ao seu lema de "buscar a Deus em todas as coisas"? Madre Teresa quando andava pelas agitadas ruas e ruelas de Calcutá à cata dos trôpegos e desamparados, dizendo-lhes, ao invés de jaculatórias, palavras de ânimo e conforto, não estava vivendo sua espiritualidade? João Paulo II não beatificou, solenemente, Maria (1884-1965) e Luigi Quattrocchi (1880-1951), que se tornaram santos, como o papa fez questão de frisar em sua alocução, aludindo à "Lumen Gentium", *propriam viam sequentes*, porque viveram o *caminho próprio daqueles que são casados*, porque – asseverava um dos presentes à nossa animada conversa – os dois dormiam juntos, beijavam-se, abraçavam-se, trocavam palavras carinhosas, encontravam-se na mais profunda intimidade humana que só o encontro sexual é capaz de propiciar? Será, então, que alguém pode dizer que Luigi e Maria não se santificaram porque viveram, com o olhar da fé, as realidades amorosas próprias da existência conjugal?

Para ninguém alegar que todos estes exemplos surgiram em despretensioso "bate-papo" de leigos, aqui vai outro, bem significativo, por sinal, encontrado em precioso opúsculo escrito por um doutor em teologia formado em Innsbruck, na Áustria e na Gregoriana de Roma, que pelo texto a seguir citado, vai-se ver logo que não podia deixar de ser um jesuíta: "O Inácio que encontra Deus em todas as coisas e em todas as atividades, tanto quando espera audiência nas antecâmaras dos cardeais, como quando acompanha prostitutas de Roma a caminho da casa Santa Marta, é o mesmo Inácio que, ao começar o dia, experimentara Deus ao celebrar a Eucaristia".[195]

Como conclusão dos exemplos e do que mais andamos a dizer, vem a calhar o que diz alguém que não é jesuíta, mas que espanta preconceitos tão difundidos: "A religião deve ajudar-nos a descobrir Deus dentro de nós, na comunidade (*no casal, acrescentemos*), no curso do mundo. E não ocupar o homem com o mero exercício da religião: ir à missa, fazer orações, participar da comunidade...".[196]

Para não alongar ainda mais o palpitante assunto... O que é a espiritualidade? Um casal amigo, nosso companheiro canadense no Pontifício Conselho para a Família, na exposição que os dois fizeram ao plenário da assembleia, tiveram oportunidade de dizer: "A espiritualidade é o *encontro* do espírito humano com o Espírito divino. Pode-se até mesmo dizer que é o *encontro* do agir humano com o agir divino".[197]

É, pois, este encontro o elemento constitutivo da espiritualidade a ser pregada no retiro para casais.

Ou como disse um querido e saudoso amigo, figura constante durante anos seguidos em nossa vida, frei Miguel Pervis, OP: "Que é espiritualidade? É um caminho para se chegar a Deus, movidos pelo Espírito, no conjunto das *realidades* que vivemos".

Trata-se, porém, de um caminho e um tipo de encontro com Deus que está bem longe daquele que ocorre nos mosteiros ou conventos ou na vida dos celibatários. "É tipicamente laical no sentido que se expressa através das *realidades* mundanas ou seculares (LG 31), daquelas pelas quais, o Espírito chama, *sem cessar,* os esposos a busca-

---

[195] Álvaro Barreiro, *Contemplar a vida de Jesus*, Loyola (São Paulo), 2002.
[196] Leonardo Boff e Frei Betto, *Mística e espiritualidade*, Rocco (Rio de Janeiro), 1994, p. 69.
[197] Huguette Fortin e Bernard Fortin, "La sacramentalità del matrimonio e la espiritualità coniugale", p. 99.

rem o *seu amor,* que é, também, a matéria de um ofertório cotidiano que se faz na liturgia da vida a dois."¹⁹⁸

Não esqueçamos, contudo, que "tais realidades são, de um lado, o amor, a sexualidade e a fecundidade e, de outro, a casa, lugar onde se vive estas realidades" (LG 437) e que São João Crisóstomo, lá nos primórdios da igreja, não titubeou em chamar de igreja, a "micro-eclesia", a "eclesia domestica" (FC 49; LG 11; AA 11) , a "pequena eclesia" como gostava de acentuar o padre Henri Caffarel.

Esperamos, assim, em síntese, haver afastado uma visão falsa de espiritualidade, para que, por via de consequência, os casados que desejam vivê-la não fiquem buscando coisas com "odor de santidade" ou com "ares piedosos" ou com "sabor espiritual" que muitos pensam ser o apanágio da vivência espiritual da gente casada.

Conclusão doutrinária: se todos foram chamados à santidade, os casados, por sua vez, possuem um CAMINHO que lhes é próprio e específico, caminho DISTINTO daquele que os monges, freiras e celibatários devem seguir: *a espiritualidade conjugal.*

Assentadas estas premissas doutrinárias, cabe agora descer ao terreno prático. Como devem ser, então, os retiros organizados para os que receberam o sacramento do matrimônio?

Não é necessário ressaltar, diante do que foi dito, que o retiro é um momento privilegiado em que, marido e mulher, afastados das preocupações diárias, longe das distrações que infestam o nosso dia a dia, vão procurar, primeiro, cada um de seu lado, e depois, *juntos,* dar um balanço em suas vidas, procurando ao mesmo tempo, em clima de recolhimento e oração, OUVIR o que o Espírito pede a cada um e aos dois juntos, *como casal.* Se quiséssemos parafrasear o inspirado capitão de Loyola, teríamos que afirmar que o retiro é o momento propício para que os dois, cada qual de seu lado, depois de examinarem a sua interioridade profunda, possam, já agora unidos, como casal, *pôr em ordem os seus desejos, mudando-lhes a sua primeira afeição,* o que no linguajar de Inácio significa colocar a vontade de

---

¹⁹⁸ Cf. Stefano de Fiores e Tullo Goffi (org.), *Dicionário de espiritualidade,* Paulus (São Paulo), 1989, p. 437.

Deus em primeiro lugar, antes de qualquer outro interesse, mesmo legítimo.[199]

É mais do que evidente, então, que um retiro destinado a casais não pode ser exatamente igual ao pregado para celibatários. Tem que ser necessariamente diferente, por imposição das premissas antes estabelecidas, isto é, devem ser pregados dentro da ótica da espiritualidade própria dos que foram sacramentados pelo matrimônio.

De outro modo, é só pensar que não passa pela cabeça de ninguém – nem de uma superiora ensandecida – organizar um retiro para carmelitas reclusas com o fito de pregar-lhes a espiritualidade conjugal! Mesmo que o pregador seja mais sábio, santo e convincente que Inácio de Loyola. Logo não se queira impingir aos casais uma pregação que destoe de seu caminho.

É necessário, por outro lado, não esquecer que a respeito da espiritualidade conjugal passa-se o mesmo com o que ocorre, por exemplo, com a espiritualidade inaciana, beneditina ou carmelita. Todas elas têm uma mesma fundamentação, enraizadas que estão na doutrina comum da igreja que é sempre a mesma, tanto para jesuítas, beneditinos ou carmelitas. O que os diferencia, o que identifica cada uma dessas escolas de vida espiritual, é a *maneira* com que cada uma delas *vivencia* a imensa e inesgotável riqueza da mensagem evangélica. Uns dão mais ênfase a determinados aspectos, outros sublinham mais tais ou quais pontos, todos, porém, procuram viver a integralidade do que Cristo pregou.

Com a espiritualidade conjugal dá-se o mesmo. O casal cristão, sequioso de seguir a Cristo, procura conhecer e esforçar-se por viver, tanto no plano individual, como no plano de vida comum, a boa nova que Ele trouxe ao mundo. Particularmente a boa nova aplicável à união, *sacramentada*, de um homem e de uma mulher,

---

[199] Inácio de Loyola, "Ejercicios espirituales" 16; ver também J. Ramón F. de la Cigoña, *A crise da meia-idade e outros temas espirituais*, Loyola (São Paulo), 2001, p. 41.

realidade transfigurante em que os *dois*, marido e mulher, *pelo* amor, tornam-se UM, o casal: *un nuovo modo di essere in la Chiesa*.[200]

Deduz-se, assim, em virtude de nossa peculiaridade sacramental, que organizar e pregar um retiro para casais é muito mais difícil e complexo do que o comum dos retiros, aqueles pregados para freiras ou para congregados marianos. E não é mais difícil simplesmente porque, ao invés de ter indivíduos participantes, têm casais que não podem ser acomodados em um dormitório comum... Ou que não devam utilizar banheiros coletivos.

É mais difícil, em primeiro lugar, porque se tem pouquíssima experiência em matéria de retiros para casais. É algo novo. Ademais, estamos acostumados a considerar que retiro é tarefa própria dos sacerdotes. Entretanto, com o devido respeito, parece-nos muito difícil a um celibatário falar sobre a conjugalidade: ele não a vive, não a conhece nas sutilezas de seus meandros. Falta-lhe, pois, a necessária experiência de vida que faz com que, nós os casados, sejamos capazes de sentir no olhar enamorado, de perceber no carinho apaixonado, de descobrir no gesto desinteressado, de descortinar na palavra de estímulo ou de conforto, sutilezas tais, encrustadas bem dentro do coração, que fazem delas o indispensável tempero aliciante do amor. Muito menos pode o celibatário sequer imaginar a que alturas de satisfação e completude, gozo e realização, intimidade e harmonia a união conjugal é capaz de propiciar. Só nós, os casados, somos capazes de saber, em toda a profundidade, a verdade bíblica do "sereis uma só carne". Só nós seremos capazes de, com veracidade, escrever e falar vivencialmente sobre a conjugalidade. Desta tarefa, seguramente, só os padres ortodoxos serão capazes... Pelo menos por enquanto...

Não se conclua, todavia, que o sacerdote *não tenha lugar* em um retiro iluminado pela espiritualidade peculiar aos casados. De maneira alguma.

Quando mencionamos que a pregação nestes encontros não pode ficar entregue apenas a um sacerdote, como é usual, não estáva-

---

[200] *Evangelizzazione e sacramento del matrimonio*, Episcopato Italiano, Roma, 1975, n. 44.

mos pretendendo excluir, de qualquer forma, a presença sacerdotal. O que desejamos aclarar – e aqui começa aparecer a marca inovadora – é que a condução do retiro deveria ficar entregue a uma equipe formada pelo sacerdote e um ou dois casais.

Ao sacerdote caberá, além de presidir a parte litúrgica, como é óbvio, a pregação da mensagem evangélica no que ela tem de comum, tanto para leigos como para padres, freiras e religiosos. Ou apelar-se ao sacerdote para mostrar a visão teológico-doutrinal do sacramento renovada pelo concílio e pelo magistério da igreja, como fica patente pela quantidade de bispos e padres aqui invocados. Ou pedir-lhe para desenvolver aspectos ligados a princípios que norteiam a vida espiritual, particularmente no que tange à oração interior, silenciosa, contemplativa. É, por conseguinte, da mais alta relevância a participação do sacerdote no retiro para casais. Inclusive para ministrar o sacramento do perdão e oficiar a Santa Missa.

Aos casais tocaria a parte da pregação atinente às "realidades concretas do amor conjugal", iluminadas e fecundadas pela mensagem de Cristo. Ao sacerdote caberia, ainda, no exercício do serviço de pastoreio, conferido pela ordenação ministerial, zelar para que a atuação dos casais como pregadores não escape da boa doutrina, desde que, é claro, estejam atualizados e não se contentem com noções cediças aprendidas no seminário. A mesma qualificação, por sinal, deve ser exigida dos casais-pregadores, porquanto só a "boa vontade" não basta. Afinal, dela o inferno está cheio, como diz o ditado popular.

Dessa forma, unindo-se o ministério sacerdotal do padre ao sacerdócio batismal dos casais (1 Pe 2:9; LG 10; CL 14/32, 15/34-35) será possível dar ao retiro a necessária feição inovadora reclamada pela espiritualidade dos casados.

Nem se diga que é vedado, ao fiel casado, pregar em um retiro espiritual. Ao participar pelo batismo do "tríplice munus" de Jesus Cristo – como lembra Pedro em sua carta – o casal cristão torna-se profeta e, como tal, conclamado a "anunciar pela palavra e fazer brilhar a novidade e força do Evangelho na vida cotidiana, familiar e social" (LG 35/88; CL 14/32, 23/53-55; FC 5). Mesmo porque o "vento sopra onde quer" (Jo 3:8).

Aliás, a própria história da igreja registra inúmeros casos de leigos que o Espírito Santo usou para, através da palavra deles, converterem – e continuam a converter – tanta gente.

Francisco de Assis, quando atraiu algumas centenas de companheiros, convertendo-os, era um simples e encantador leigo. Só muito mais tarde tornou-se diácono.

Sem esquecer Inácio de Loyola, aqui tantas vezes lembrado. E propositadamente recordado, porquanto, quando escreveu, inspirado, os seus famosos "Ejercicios espirituales", não passava de um ex-capitão. Foi nessa condição de simples leigo, pregando retiros espirituais que colocou – e continua a colocar – tanta gente no caminho da santidade. Entre eles, por exemplo, um jovem universitário, soberbo e brilhante, chamado Francisco Xavier e, outro, Pedro Fabro, que entre os sete fundadores da Companhia de Jesus era, ademais, o único sacerdote.

Não acabou o ex-capitão proclamado pela igreja como padroeiro, justamente, dos retiros espirituais?

Enfim, depois que Deus fez da burra de Balaão profeta (Nm 22:28), por que um casal também não pode profetizar? Falar das coisas de Deus?

Mas voltemos ao tipo de retiro que nem Inácio de Loyola foi capaz de imaginar, apesar de haver pregado seus exercícios para inúmeras damas, quase todas casadas.

Cabe dizer, por último, que um retiro para casais não precisa, nem deve ter sempre como tema assuntos diretamente ligados ao casamento. De jeito algum. A vida espiritual que deve animar aos casados não se constitui, como já dissemos, em uma espiritualidade desgarrada de tudo aquilo que é comum a todas as escolas de vida espiritual existentes na igreja.

Assim, para exemplificar, escolher como temática de um retiro – para casais, bem entendido – as parábolas do evangelho, as bem-aventuranças ou a ação do Espírito na vida do fiel é, evidentemente, uma escolha acertada e louvável.

Só que, em um retiro para casais, a meditação sobre tais assuntos – as parábolas de Cristo, as bem-aventuranças, a ação do Espírito na vida do fiel – deve ser colocada, não apenas, na ótica individual do retirante, mas também, e necessariamente, à luz desse "novo ser", o casal, que merece, inclusive, "um lugar especial na igreja" como ensinaram os bispos da Itália. Vale dizer, tais assuntos, justos e necessários, devem ser enfocados, todavia, sob a ótica do espiritualidade conjugal. Caso contrário, o retiro estará *fraudando* a *fonte própria e o meio original de santificação dos cônjuges* preconizado pela Santa Madre Igreja.[201]

Com o atrevimento concedido pelo concílio (LG 37/95-98), como um casal calejado desde a longínqua juventude em participar de retiros, é que entendemos ser nosso dever fazer as observações e sugestões que aqui ficam. Escritas, além do mais, com a experiência de alguns retiros que, mercê de Deus, o casal teve a grande alegria de pregar, para retribuir um pouquinho do muitíssimo que recebeu ao longo de meio século de felicidade, repleto de descobertas e não poucas atribulações vencidas com a força inesgotável da graça, o que nos permite proclamar cheios de júbilo como vale a pena viver a vocação ao matrimônio! Por isso tudo, pedimos emprestado a um leigo, velho amigo nosso, aquele mesmo que saiu manquitola da batalha de Pamplona e virou santo, para dizer que estas linhas foram escritas AMDG.

---

[201] "Familiaris Consortio" 13, 56, 63; GS 49; LG 11, 41; Cat. Ig. Cat. 1641.

O casal cristão e as bem-aventuranças

risto, ao proclamar as bem aventuranças, quer mostrar quais são as condições e as situações mais propícias para se receber o reino de Deus. No que respeita àqueles que são casados, o foco da perspectiva deve centrar-se na vida do casal. Poder-se-ia dizer, de outra maneira, como o Reino de Deus invade e modela a vida do casal. Ou ainda, como os casados, em seu mundo conjugal, adotam e vivem as características do reino.

Quando Cristo subiu ao monte para proclamar como se pode ser bem aventurado, isto é, ser feliz, atingir, cá na terra, a completude da vida, outra coisa não vez se não revelar o que, na exuberância de seu amor, o Pai gostaria que sua criatura predileta, o ser humano, fosse.

Ora, é forçoso para tanto ter em mente o que o Criador deixou entrever, o que desejou, ao menos em suas linhas essenciais, a propósito do casal quando o criou.

O celebrado Fray Luís de Granada – um dos expoentes do Siglo de Oro espanhol – dizia que *no ser humano Deus recapitulou e somou tudo quanto havia criado.*

Esqueceu-se, porém, o teólogo espanhol de completar a sua assertiva com um aspecto fundamental que não escapou à argúcia de João Paulo II ao proclamar que "A DEFINITIVA CRIAÇÃO do homem consiste na CRIAÇÃO da unidade de dois seres, O Casal", por isso mesmo considerado "a perfeição da obra criadora" (FC 28).

Se dissemos antes, logo de início, que as bem-aventuranças revelam, no fundo, o que Deus desejou que sua criatura bem amada fosse, não se pode, para completar, olvidar a lição de Paulo VI às Equipes de Nossa Senhora, lição que só pode nos maravilhar e, ao mesmo tempo, enobrecer: *A dualidade dos sexos foi querida por Deus para que o homem e a mulher fossem, simultaneamente,* a imagem de Deus.[202]

João Paulo II, por sua vez, foi ainda mais incisivo ao falar da dignidade da mulher: "O homem e a mulher criados como 'unidade de dois', são chamados a viver uma comunhão de amor e, desse modo, refletir no mundo a comunhão de amor que é própria de Deus".[203]

Ocorre, todavia, que a intenção divina a respeito do amor humano, criado à sua "imagem e semelhança", acabou sendo desvirtuada pela desobediência original. Mas nem mesmo o pecado foi capaz de fazer o Pai olvidar o amor que dedicava à sua "creatura predileta". Seu desejo, contudo, de fazer dos cônjuges à imagem viva e visível de Si mesmo continuava de pé. Como, porém, realizá-la? Se, de um lado, a natureza estava debilitada, acometida de más inclinações e, de outro, havia a intransponível barreira da liberdade, prerrogativa antropológica que a própria Onipotência colocou como limite à sua ação.

O virtual antagonismo não foi, entretanto, óbice para que o Criador viesse em socorro dos homens, ajudando-os a manter vivo o amor conjugal, vestígio existencial do amor que Ele é.

Foi, assim, que fez de uma instituição absolutamente natural, o casamento, um sacramento. Transformou, destarte, as palavras, os gestos e os atos de amor, entre marido e mulher, em canais de graça, permitindo, dessa admirável maneira, que a força do alto supra as fraquezas humanas ao mesmo tempo que respeita a liberdade inerente e apanágio do ser racional.

Não fora, pois, graça divina, como poderíamos ser feliz, bem-aventurados? Não é verdade que a cada dia fazemos a triste experiência de como este amor é frágil e vulnerável? Como somos egoístas, do-

---

[202] Henri Caffarel, *A missão do casal cristão: Surgimento e caminhada das Equipes de Nossa Senhora*, Loyola (São Paulo), 1990, p. 91.
[203] João Paulo II, "Mulieris Dignitatem" 7, 1988.

minadores, orgulhosos, rancorosos! Sem ajuda de Deus, propiciada pelo sacramento do matrimônio, teríamos soçobrado no desejo de ser pobre, ser manso, ser misericordioso, ser íntegro e verdadeiro, ser sincero, pacífico, paciente e compreensivo em nossa vida conjugal e familiar, no nosso dia a dia. Tudo isso, sabemos por experiência própria que é uma tarefa acima das nossas forças e só a graça do sacramento do matrimônio, atuando no cerne do nosso amor, naquilo que é o próprio vínculo que nos une (FC 21), pode nos salvar de um malogro total ou de um relacionamento superficial, rotineiro, morno, desvinculado da vida eterna, longe de ser um caminho de santidade.

Chegados a este ponto, não podemos deixar de aduzir, a título de sincera coparticipação e de profunda gratidão, como o Senhor, ao longo de mais de meio século, colocou sua mão sobre nós dois e fez crescer o amor que nos inebria.

Repassando a nossa vida conjugal e familiar, chegamos à doce conclusão que foi exatamente por crer na divindade de nosso amor e na admirável graça sacramental que o faz crescer, que procuramos, malgrado os titubeios, desânimos e incoerências, viver em nossa vida as bem-aventuranças.

Podemos assim dizer, com toda a convicção, baseados na experiência pessoal de que o nosso amor é salvador e faz milagres. Salvou-nos da depressão, da solidão, da dificuldade de lidar com a sexualidade e seus tabus. Fez-nos compreender a beleza e a riqueza do encontro sexual, fonte de prazer, de alegria e de diálogo profundo.

O amor ensinou-nos a procurar ser pobres, no sentido de que o ter e o dinheiro não são o almejo principal da existência. Mostrou-nos que para as necessidades materiais é mister buscar, por primeiro, o Reino que se acaba recebendo tudo mais por acréscimo. Levou-nos a tentar, a duras penas, a ser mansos lutando com os nossos temperamentos. Foi o nosso amor que permitiu, tantas vezes, a chorarmos juntos, apoiando-nos um ao outro nos momentos difíceis e angustiantes que atravessamos, ao fim dos quais sentimos juntos, abraçados, as consolações de Deus. Não houvéssemos trilhado o caminho do amor conjugal, não teríamos a fome e sede de justiça no sentido bíblico de desejar a santidade, procurando-a através das coisa simples e encantadoras de nossa existência conjugal e familiar. Foi o nosso amor, e nem podia deixar de sê-lo, que nos animou no esforço de sermos misericordiosos e a nos perdoarmos mutuamente e aos nossos filhos e aos demais. Foi ele que nos mostrou a vantagem de sermos íntegros, verdadeiros e sinceros um com outro e com o próximo, a desejar vivermos em paz e sermos pacificadores com nós mesmos, com os nossos filhos e com os outros, a suportarmos com coragem e sem ressentimentos as perseguições e incompreensões, especialmente aquelas que, devido ao nosso modo de ser ou de nossas ideias ou orientações, causaram desagrado aos outros.

Assim, para sintetizar, temos plena consciência que foi através de nosso amor, procurando vivê-lo com a indispensável ajuda da graça do sacramento do matrimônio, que fizemos em nossa vida de alguma maneira a experiência das bem-aventuranças, da felicidade por Ele desejada.

Com Maria, podemos dizer, cheios de júbilo, que o Senhor fez em nós maravilhas acima de tudo quando descobrimos, por pura benevolência divina, que o nosso amor é salvador, redentor e fonte de nossa felicidade.

Que Ele continue a confirmar a nossa fé, a aumentar a nossa alegria e a robustecer o amor que nos une para enfrentarmos, cheios de confiança, as dificuldades, os sofrimentos, as preocupações, as debilidades da saúde, os achaques da senectude, a inquietação com a situação financeira dos filhos, o temor com o futuro do Brasil, os tropeços e a dificultosa paz entre os homens e tantas outras coisas que guardamos no coração!

Em suma, parafraseando o salmista só podemos dizer:

> Que coisa somos nós dois, Senhor, para lembrardes tanto de nós.
> Nos fizestes um pouco menor do que um Deus,
> Mas de glória, honra e felicidade nos coroastes!
> Oh Senhor, Senhor nosso, como é glorioso
> O Teu nome em toda a terra! Amém (Sl 8).

Um almoço espiritual

O dia estava feio, escuro, frio. Eu lia, tranquilo e gostosamente, o grosso jornal de domingo. Bem no momento em que me deliciava com o fino humor da crônica semanal de João Ubaldo Ribeiro – um verdadeiro "oásis da nossa imprensa cheia de matanças, assaltos e roubalheiras" no dizer de uma leitora – minha mulher apareceu na sala e me disse "bem que você poderia acender a lareira. Acenda que vou trazer um aperitivo". Confesso que não era o que queria fazer naquele momento. Ademais, acender lareira dá trabalho. Mormente em um dia um tanto quanto desanimador. Larguei João Ubaldo pela metade, louco para chegar ao fim e dar boas risadas. Até dizem que a risada faz bem à saúde. Pelo menos foi o que li em um livro. Mas, como disse, larguei a crônica. Levantei-me da comodidade deliciosa do sofá, fui buscar a lenha, os apetrechos, jornal velho para começar o fogo e, é claro, o indispensável fósforo. Com a devida técnica (sou perito na arte!), arrumei os gravetos, por cima coloquei a lenha, acendi o fósforo e o fogo, tímido a princípio, logo tomou conta da lareira, irradiando um calor gostoso. Foi aí que ela chegou com o aperitivo: um potezinho com castanhas de caju, um pão de forma cortado em quadradinhos e um patê de queijo e berinjela. Eu já ia avançando no tira-gosto quando ela interrompeu-me: "Por que você não vai buscar uma garrafa daquele vinho especial que você ganhou? Vai porque eu preparei uma surpresa para o nosso almoço". Curvei-me à ordem.

Um pouco desconsolado, olhei para o jornal, aberto em cima do sofá e, meio a contragosto, pensei: o João Ubaldo vai ter que esperar.

Mas valeu a pena. O aperitivo estava uma delícia. O vinho ficou ainda mais gostoso quando ela serviu a surpresa, uma macarronada regada por suculento molho de tomate em meio a uma carne muito bem temperada.

E ali, acalentados pela lareira e aquecidos pelo vinho encorpado, conversamos muito enquanto saboreávamos o macarrão.

Foi uma tarde prazerosa, cheia de encanto. Só nós dois no sossego aconchegante de nossa sala a conversar e conversar, a trocar ideias, comentar acontecimentos, fazer planos e dar boas risadas.

Um episódio simples, até mesmo corriqueiro. Sem nada de extraordinário. Puramente natural.

Claro que poderíamos ver o nosso almoço com um olhar apenas humano. Poder-se-ia até considerá-lo como muito romântico. Vê-lo como uma cena de filme ou de uma telenovela. Mas podia-se também – como fizemos – contemplar nossa encantadora refeição com um *olhar de fé*. Esta transforma, metamorfoseia, transubstancia uma realidade puramente humana em uma vivência divina, em um canal que confere a graça, a vida de Deus mesmo.

O matrimônio é um sacramento permanente que se realiza mediante o sinal que lhe é próprio: todo ato, gesto ou palavra de amor trocado pelo casal. E Deus não o criou para fazer crescer o nosso amor? E quanto mais ele cresce e aumenta, mais nos é possível ter uma ideia – a mais próxima que é possível ao ser humano – do que Deus é: *O amor vem de Deus e todo aquele que ama nasceu de Deus e* conhece *a Deus porque Deus é amor* (1 Jo 4:7).

Não foi São Paulo, por sua vez, quem disse uma coisa bem importante, a propósito de nosso singelo e delicioso almoço? *Quer comais, quer bebais, quer façais qualquer outra coisa, fazei* tudo *para a glória de Deus* (1 Cor 10, 31).

Aí está a espiritualidade conjugal.

Milhagem espiritual

Nossa filha que mora, há anos, em Santarém no Pará, veio passar o Natal conosco. Veio de avião. Mas não pagou nada. Um amigo cedeu-lhe as "milhagens" de voo, acumuladas em suas muitas viagens quase semanais pelo Brasil afora.

Perguntou-nos se não tínhamos milhagem suficiente para visitá-la. Diante da resposta negativa, veio nova indagação: "As compras feitas com o cartão de crédito de vocês não dão, como bônus, milhas aéreas?".

Minha mulher passou a pergunta para mim. Justamente na hora "sagrada" em que eu lia o jornal. Sem desviar o olhar do noticiário, com uma pitada de amolação, murmurei um seco "não sei", o que deu lugar a um irritado: "Então, trate de saber".

No dia seguinte, no mesmo horário "sagrado", a pergunta voltou: "Você já viu o problema das milhas no cartão de crédito?". Diante da negativa, cujo tom mais parecia dizer "não me amole", ouvi um sermão que me deixou a sensação de estar assistindo o que deve ter sido "a carga da cavalaria ligeira". "É isso, é só pedir uma coisa que você não faz. Pior, nem se interessa! Não dá a mais mínima atenção." E por aí afora...

Diante da impetuosidade da "carga", ainda que irritado, achei melhor "bater em retirada". Mas, no resto do dia, volta e meia, recordava o que costumo chamar, em tom jocoso, de "jararaquice". E buscava a "lição" que deveria dar para acabar, de uma vez por todas, com a maneira "ofídica", do gênero jararacuçu, com que ela às vezes me recriminava. O planejamento da "lição" não conseguia ir muito longe, contudo. Logo uma "vozinha" se intrometia para dizer: "Não foi isso que você aprendeu na equipe...". "E a tão falada espiritualidade conjugal onde fica?". E uma outra advertência, saltando de algum livro de psicologia, ponderava, com muita calma: "Será que vai adiantar?".

Para não ficar atormentado com tais pensamentos, mergulhei na leitura de um livro. Cedo me meti na cama. Não lograva, contudo, desvencilhar-me dos efeitos desagradáveis do acontecido. O episódio deixara como que um travo amargo dentro de mim.

Já abrira o lençol e aprontava o travesseiro, quando ela entrou no quarto. Olhou para mim com um olhar lânguido. Percebi logo que desejava dizer alguma coisa entalada na garganta. Com esforço, em uma voz cheia de carinho, acabou por dizer: "Olha, desculpe o modo irritado com que falei sobre a tal milhagem". Lá se foi por terra a minha aborrecida raiva. Nem me lembrei mais das "lições"... Um abraço apertado e um beijo amoroso sepultaram a irritação, a raiva, o amargor.

Dias atrás, contei o episódio em uma palestra. E indaguei aos participantes: o que aconteceu pode ser considerado tão só em seu aspecto psicológico ou pode assumir uma dimensão maior, espiritual?

Diante do silêncio pensativo dos ouvintes, resolvi avançar um pouco mais. Será que no ocorrido houve também uma atuação sacramental? Será que ali estava presente o sacramento do matrimônio?

A reação de boa parte do auditório foi de completa perplexidade: como se pode falar de sacramento em uma simples conversa noturna!

Aproveitei o espanto para invocar a noção de sacramento: *sinais eficazes de graça pelos quais nos é dispensada a vida divina*. "E são *eficazes* porque é o próprio Cristo quem age para comunicar a graça significada pelo sinal", ensina o Catecismo lançado por João Paulo II.[204]

Para atender à noção de sacramento, no caso do matrimônio, é forçoso indagar qual o *sinal* utilizado e o seu significado.

É aí que o assunto torna-se objeto de confusões e preconceitos.

É muito comum ouvir-se ou ler-se que o sinal do sacramento é

---

[204] Cat. Ig. Cat. 1127/1131.

o "sim" pronunciado pelos noivos diante da comunidade eclesial. João Paulo II, porém, lembra que "o sacramento é contraído mediante uma palavra que é sinal sacramental *tão só* em razão de seu *conteúdo*".

Vale dizer, como já ensinava Santo Tomás de Aquino, que o "sim" traduz o *amor* existente entre os noivos, o desejo de unirem-se pelo resto da vida, entregando-se um ao outro para, ao longo da existência comum, fazer crescer, sempre mais, o amor que os une "na alegria e na tristeza, na saúde e na doença".[205]

Ademais, o matrimônio é um sacramento permanente, isto é, não se exaure no momento da celebração, "mas permanece daí por diante com eles".[206]

Nem podia deixar de ser assim, porquanto, o matrimônio tem por *finalidade amorem naturalem perficere, coniugesque santificare*, como ensinou o Concílio de Trento, lá no século XVI: "Fazer crescer o amor natural e, assim, santificar os cônjuges". Ou como disse o documento de Puebla: "O amor humano é santificante e comunica vida divina por obra de Cristo".

Por outro lado, como o sacramento atua *ex opere operato* (pelo próprio fato da ação realizada), toda vez que o sinal é colocado, o sacramento atua, deifica os fiéis, como ensinava o Aquinatense.[207]

Ora, como todo o gesto, palavra ou ato de amor *é sinal sacramental* por se tratar da reiteração daquilo que o sim inicial quis dizer, segue-se que, no episódio acima narrado e que culminou na tal "conversa noturna", ocorreu um sinal sacramental.

Logo, o conflito acerca das tais "milhas aéreas" acabou se tornando, pela força do sacramento, em uma santificante "milhagem espiritual": o ocorrido foi uma efetiva vivência da espiritualidade conjugal!

---

[205] Ver Esther Brito Moreira de Azevedo e Luiz Marcello Moreira de Azevedo, *O matrimônio: Para que serve este sacramento?*, Vozes (Petrópolis), 1997, p. 84 e ss.
[206] "Gaudium et Spes" 48/351; "Casti Connubii" 116.
[207] Cat. Ig. Cat. 1129 e 1643.

Lições tiradas de um filme

Ontem, minha mulher "carregou-me" ao cinema. Foi para ver *Diários de motocicleta*, que tem como personagem principal Ernesto Guevara. Trata da viagem que ele, aos 23 anos, empreendeu com um companheiro. Típica viagem aventuresca: meter-se em uma velha motocicleta, batizada de La Poderosa, ultracarregada não só com os pertences pessoais, mas até a barraca de lona com todos os utensílios de banho e cozinha. Largaram-se pela estradas e trilhas argentinas, atravessaram o deserto de Atacama, no Chile, subiram ao grandioso e misterioso cenário de Machu Picchu para, finalmente, chegar a San Pablo, no Peru, às margens do rio Amazonas. O destino era o leprosário ali existente, pois Ernesto, no último ano de medicina, desejava especializar-se no tratamento da deformante doença.

Nas peripécias de mais de 8 mil quilômetros, passaram por dificuldades como o frio e a fome. Toparam com a miséria dos povos indígenas e as explorações desumanas que os pobres são submetidos por empresas e grão senhores.

Ao final da grande aventura, na despedida em San Pablo, cada um deveria tomar o seu rumo, voltar à vida normal. O companheiro de Che, convence-se que a vida de aventuras terminava ali. Queria voltar à vida comum, realizar-se na sua profissão, casar-se, ter filhos e netos. Guevara, depois de um silêncio pensativo, com o olhar perdido no horizonte, confessa que a *viagem o havia mudado* completamente, tinha agora valores diferentes daqueles do momento da partida: havia visto muita miséria e injustiças. E o filme termina, aqui também às margens do Amazonas, em Letícia, onde a Colômbia faz divisa com o Brasil. Cada um deles segue o rumo e a conduta ditada pelos valores que os animava. Guevara, como sabemos, certo ou errado, mete-se na luta armada pela mudança da ordem social. Luta em Cuba. Desentende-se ou desilude-se com Fidel Castro, vai lutar na África e acaba morto na Bolívia de armas na mão.

Se fiz um resumo da película, foi para aqueles que não a assistiram. Mas, para uns e outros, serve de ponte para o que Jeremias, com palavras duras e realistas, diz neste sábado da 16ª semana do tempo comum.

Sem cerimônia alguma, nem preocupação de "dourar a pílula", nem de ser exigente ou de desagradar os que o ouviam, o profeta vai lançar uma severa advertência: *Melhorai a vossa conduta e vossas práticas. Não confieis em palavras mentirosas: "é o templo do Senhor, é o templo do Senhor, é o templo do Senhor" para poder dizer "estamos salvos"*.[208]

É aí que Jeremias encontra o que se passou com o Guevara – pelo menos no episódio do filme: a viagem aventuresca havia mudado a sua vida; dali em diante, sua conduta passou a ser outra. Converteu sua vida e seus anseios anteriores em uma vida nova, na busca de novos anseios.

Com quantos de nós, e com quantos dos nossos companheiros, a advertência de Jeremias se aplica: "Vamos à missa, rezamos o terço, pertencemos ao movimento, damos esmolas, logo *'estamos salvos'*". E, com isso, não mudamos a "nossa conduta", agarrados à vida de sempre e aos mesmos desejos: lucrar mais com a profissão, ser bem-sucedido na sociedade, comprar um carro novo do último tipo, viajar, comprar a casa de veraneio etc.

Não nos iludamos. O que dá significado e é a razão de ser de nossa "ida ao templo", de todas as nossas preces e devoções ou a nossa pertença a movimentos da igreja é, em suma, procurar com a força da graça e a luz da fé ouvir o que Senhor mesmo nos pediu: "Sede santos como o nosso Pai Celeste é santo".[209]

---

[208] Jeremias 7:1-10.
[209] Levítico 19:2; Mateus 5:48; 1 Pedro 1, 15.

E não nos esqueçamos, nós que somos sacramentados pelo matrimônio, que fomos chamados à santidade, não como os monges, as freiras e os celibatários, mas seguindo *o modo próprio e específico* de quem é casado, *propriam viam sequentes* como lembra o João Paulo II (FC 13), a espiritualidade conjugal.

A missão de divulgar e pregar a espiritualidade conjugal é da mais suma importância *para assegurar a plena vitalidade humana e cristã do casamento e, assim, contribuir para a renovação da sociedade e do próprio Povo de Deus.*[210]

Não foi, pois, sem razão, que o famoso Jacques Leclercq, professor na Universidade de Lovaina, lá nos idos de 1949, lembrava que "o matrimônio é antes de mais nada, a instituição que permite à massa dos fiéis santificar-se 'porquanto' nenhuma outra tende a imprimir tanto, entre os cristãos, um movimento tão geral de santidade e que permite garantir à Igreja dias mais benditos".[211]

É preciso, portanto, fazer ver aos casais que "nada neste mundo revela tanto o mistério de Deus, escondido desde a eternidade, quando a comunhão de amor na relação homem e mulher".[212]

---

[210] "Familiaris Consortio" 3 in fine.
[211] Walter Kasper, *Teología del matrimonio cristiano*, Sal Terrae (Madri), 2014, pp. 149 e 161.
[212] Hildo Conte, *A vida do amor: O sentido espiritual do Eros*, Vozes (Petrópolis), 2001, p. 243.

Até que enfim:
um casal beatificado

No Pontifício Concílio para a Família, durante a assembleia, João Paulo II fazia questão de não apenas receber seus vinte membros, como de conversar com cada um dos casais. Lá nos idos de 1987, aproveitamos a oportunidade para oferecer ao papa livro que dona Nancy escreveu sobre o doutor Moncau. Em um gesto atrevido, com certa dose de humor, fui dizendo: "Eu sei, santidade, que não tenho o poder de canonizar ninguém mas, Santo Padre, pode estar certo que Pedro Moncau é santo!". Ao que ele respondeu: "Temos muita necessidade de um casal santo!".

Pois bem. Em fins de 2001, João Paulo II teve a oportunidade de satisfazer ao anseio que nos expressou. Aproveitou a feliz e significativa ocasião em que se celebra o 20º aniversário da "Familiaris Consortio" para beatificar um casal italiano de nosso tempo: Maria e Luigi Quattrocchi.

Por isso, toda a sua alocução, durante a cerimônia, está baseada naquela exortação apostólica. Daí João Paulo II fazer questão de frisar que *o amor dos esposos, Luigi e Maria Quattrocchi é uma viva demonstração do que o Concílio do Vaticano II afirmou a propósito do apelo à santidade*, especificando *que os casados buscam tal objetivo* propriam viam sequentes, *seguindo seu* próprio *caminho*.

Ora, uma revista católica ao noticiar o acontecimento, presenciado por três ou quatro filhos do casal, cita não só um trecho da homilia, mas dá a entender que os dois santificaram a sua vida porque *assumiram com plena responsabilidade a tarefa de colaborar com Deus na procriação dos filhos.*

A tal notícia não apenas omitiu o aspecto fundamental da alocução (que o papa fez questão de sublinhar, dizendo-a em latim: *propriam viam sequentes*), como parece considerar a prole, como se dizia antes do concílio, o "fim primário" do casamento. Como também parece ter considerado a causa principal da beatificação o fato, elogiável, do casal assistir a missa e rezar o terço todos os dias.

Não foi isso, absolutamente, que João Paulo II destacou, mas *o cumprimento da missão conjugal e familiar* com *a força do sacramento do matrimônio (...), caminho de santidade percorrido em conjunto, como casal, em decorrência do "grande mistério" do amor conjugal que tem sua origem na criação.*[213]

Com estas palavras, o papa recorda, em síntese, o que, de uma maneira mais teológica, o cardeal Tettamanzzi ensinou: "O *specificum* do matrimônio determina o *specificum* da espiritualidade conjugal".[214]

Tal especificidade, como a "Familiaris Consortio" já deixou claro vinte anos atrás, deriva-se do "efeito *primeiro e imediato* do matrimônio (*res et sacramentum*) que não é a graça sobrenatural propriamente, mas o vínculo conjugal" (FC 13) o qual, como bem esclareceu Paulo VI, "reveste-se das características normais do amor conjugal natural".[215]

Ao fazer tal declaração, contudo, a FC não introduziu, na realidade, novidade alguma pois o Concílio de Trento (1545-1563) já ensinara que a finalidade do matrimônio é *amore naturalem perficere, coniusgesque sanctificare* (aperfeiçoar, fazer crescer o amor natural para santificar os cônjuges).

---

[213] Cf. texto integral in *Documentation catholique*, Bayard Presse (Paris), n. 2259, 2 de dezembro de 2001, pp. 1022-1023.

[214] Apud Esther Brito Moreira de Azevedo e Luiz Marcello Moreira de Azevedo, *O matrimônio: Para que serve este sacramento?*, Vozes (Petrópolis), 1997, p. 241.

[215] "Familiaris Consortio" 13 in fine.

É lastimável que uma notícia, assim truncada, tenha chegado a tantos lares cristãos. O fato, contudo, serve bem para mostrar como, até hoje, a doutrina professada pelo concílio e pelo Sínodo dos Bispos de 1981, expressa por João Paulo II na "Familiaris Consortio", vinte anos atrás, ainda não foi bem assimilada na igreja.

E isso decorre do fato dos teólogos, pregadores e leigos não levarem em conta que o *matrimônio é um sacramento diferente dos outros. Sempre quebra os esquemas da teologia dos sacramentos em geral, sejam eles quais forem*, como observa Francisco Taborda, SJ.[216]

O anseio que o papa nos transmitiu em 1987, "a necessidade de um casal santo", foi depois atendido, mas não será que o anseio do papa provinha da vontade de dar aos cristãos um exemplo vivo, com gente de nosso tempo, que é possível chegar à santidade, não imitando padres e freiras, mas *propriam viam sequentes*, seguindo o caminho próprio e específico do amor conjugal, sacramentado pelo matrimônio?

---

[216] Francisco Taborda, SJ, *Matrimônio, aliança, reino*, Loyola (São Paulo), 2001, p. 11.

Carta de um pai a seu filho em sua primeira desilusão amorosa

utro dia, quando você me falou que havia combinado com a Lucia "dar um tempo", suspendendo assim o namoro, imaginei que a decisão devia ter-lhe abalado e chateado. Fiquei preocupado, pensando como poderia dar uma ajuda. Achei, então, que deveria escrever alguma coisa do que penso sobre o problema do amor. Sem dúvida, o mais importante na vida de alguém. Por que escrever? Não seria mais simples e fácil dizer? Creio que alguns assuntos, sobretudo os existenciais, caem melhor por escrito. Como são existenciais, exigem muita reflexão e ponderação. O simples ato de escrever exige que se pense e pondere. E o simples ato de ler também exige atenção e reflexão. A palavra escrita é um convite à meditação. Ela não se dispersa fácil como a palavra falada que, muitas vezes, entra pelo ouvido e passa. A palavra escrita pode tornar-se mais duradoura porque, inclusive, a ela se pode voltar quantas vezes quiser. E o amor exige muita meditação para ser compreendido. Exige o silêncio maduro da reflexão para que seja possível olhar para dentro de nós mesmos e analisar o que se passa conosco, trazendo de volta, graças à memória, episódios que já vivemos e sentimos e que nos emocionaram, como situações que nos agradaram ou entristeceram.

Creio que você já fez várias vezes. Creio que antes de chegar à decisão de "dar um tempo", muita coisa passou por sua cabeça, muita coisa você procurou entender, muita coisa deixou você perplexo, muita coisa não saiu como você queria. É assim mesmo, meu filho, que a vida vai-nos ensinando suas lições. Não há outro caminho, por mais que se queira. Pobre é quem não sabe aproveitar estes momentos, estes tropeços, estes desenganos. De tudo isso, temos que aprender alguma lição para sabermos lidar melhor conosco, com os outros, com a vida.

Por isso é que gostaria de apontar umas pistas para a sua reflexão. Algumas ideias que, talvez, possam ajudar o jogo de introspecção que você deve fazer e ninguém pode fazer por você. É um jogo – às vezes difícil e doloroso – que você tem que jogar com você mesmo.

Estas pistas, estas ideias são o resultado de meu próprio jogo, de uma reflexão pessoal que já atravessa muitos anos e que me levou até mesmo a uma quase insaciável curiosidade de conhecer melhor o assunto recorrendo, com avidez, às páginas de muitos livros. Mas – faço questão de assinalar – que o que li passou sempre pelo crivo de minha própria meditação, buscando nas ideias apresentadas pelos autores tão só uma luz para esclarecer o que eu próprio vivi, pensei e senti.

Vamos, depois de tanta "filosofada", ao que interessa, na esperança de que a experiência do pai seja de ajuda ao filho que veio ao mundo só porque, 25 anos antes, sua mãe e eu descobrimos o Amor.

E aí está o nosso ponto de partida: o aparecimento, na vida de dois jovens, de uma força que os atrai. Por quê? Que coisa mais interessante e significativa: no mundo existiam lá pelos idos de 1946, milhões e milhões de mulheres. Eu mesmo conhecia várias. Por que, então, um belo dia me vejo a pensar, cada vez com maior frequência, em uma única, a Esther, que eu já havia encontrado não sei quantas vezes desde pequeno. A moça com quem já brincara tantas vezes. A garota que tentara fazer-me dançar inúmeras vezes sem sucesso até ali, apesar de festas, bailes e piqueniques, ela era uma como as outras. Talvez, até, aos meus olhos, uma outra, mais cheia de corpo ou de cabelos mais louros, pareceu-me mais apetecível. Lembro-me, até hoje, de algumas delas. O certo é que, um dia – já não sei quando – a Esther começa a se destacar. Ela é o centro de minhas atenções. Andando ou estudando, de repente, eis que estou a me lembrar dela. Cada dia com mais frequência. A sua figurinha delgada a todo instante surge diante de meus olhos. Já sou capaz de ouvir a sua voz, recordar o seu olhar, encontrar-me com o verde dos olhos dela. Quando dou fé, quero vê-la e encontrá-la sempre. Já não penso em outra coisa senão nela.

Que será que aconteceu? Por que a Esther já não me sai do pensamento? Você pode procurar explicações e mais explicações. Nenhuma delas vai ser capaz de explicar, de uma maneira cabal, o aspecto essencial da coisa: por que eu me apaixonei por ela e não pela Maria Joaquina, a Mary Grant, a Therese, a Berta ou a Sumiko? Quantos não encontraram uma brasileira que lhes atraísse? De repente, em uma viagem inesperada, descobrem, lá na China ou não sei onde, uma moça que se torna toda a sua paixão? Ou o caminho inverso. A Thais, filha dos Cozzupoli, por exemplo, vive há anos nos EUA porque, um dia, um gringo que por aqui passou conheceu-a, apaixonou-se, casou-se, e lá estão felizes em solo americano com vários gringuinhos. Por que isso ocorre entre um homem e uma mulher? Por que eu me apaixonei por ela e não por outra? É a pergunta que eu mesmo me fiz não sei quantas vezes. Como muitos o fazem hoje, outros antigamente e muitos mais ao longo dos séculos. Nem eu nem eles fomos capazes de encontrar uma resposta satisfatória: é um mistério! A mente humana não é capaz de decifrar o enigma que há por trás do encontro de um homem com uma mulher, encontro que vai ligá-los pelo amor. É um *mistério*, sem dúvida.

Talvez você se assuste com a palavra. Mistério, porém, tem um conteúdo que não significa alguma coisa sem nenhuma explicação, mas algo de tão profundo e elevado que a inteligência humana não é capaz ou não está apta a captar.

A própria origem da palavra leva a este significado. É só lê-la no original grego: *mysterion*, palavra que no vocabulário da Grécia antiga queria dizer "segredo dos deuses", algo tão alto, importante e transcendente que só podia ser apanágio da inteligência dos entes do Olimpo. O homem não explicava o fato misterioso: curvava-se, reverente, diante dele. Mas para os deuses, o obscuro e inexplicável era claro e evidente, só que guardado como um segredo a que os homens não eram chamados a conhecer.

Eis como, depois de muito matutar, percebi que o segredo de meu encontro com sua mãe era uma coisa tão bela e profunda que só podia ser entendida como um segredo, não dos deuses, mas do único Deus. E disso tenho a mais plena consciência, aferrado a uma experiência feliz – por que não dizer divina mesma – de ter tido a oportunidade e a felicidade de viver tão encantador *mysterion*.

Ai está, Janjão, uma ideia que você deve colocar na ordem de suas cogitações: o amor que leva um homem a gostar de uma mulher, ao mesmo tempo que ela inclina-se por ele, é uma realidade tão rica e profunda que o pobre raciocínio humano não é capaz de descobrir o por quê. É um segredo de Deus, um *mysterion*.

Os próprios gregos para explicar este mistério desenvolveram o mito da "cara metade".

Veja que mito não significa algo fabuloso, imaginoso, "a-racional". Não, para os gregos, o mito era uma verdade tão elevada e rica que a razão não era capaz de explicitá-la através de raciocínios. Recorriam, então, a um símbolo ou uma historieta capaz de imprimir uma visão das coisas e da vida, captada apenas pela intuição em traços não definidos com aquela precisão que a mente racional exigiria. Basta pensar nos grandes mitos que o teatro helênico consagrou, tão ricos, profundos e verdadeiros que, hoje, 3 mil anos depois, fazem parte de nossa própria maneira de pensar: o de Édipo, Eletra, Prometeu, Narciso, Vênus e tantos outros.

Encaixa-se nessa linha o mito da "cara metade", justamente para explicar o mistério que leva um homem a sentir-se atraído e ligado a uma mulher e ela por ele.

Enquanto bem me lembro, diziam eles, em linhas gerais, que o criador fez o ser humano como um ser especial, andrógino, isto é, dotado dos dois sexos. Depois, resolveu separá-lo em dois, o masculino e o feminino. Cada um, porém, ganhou vida autônoma e embrenhou-se pelo mundo, cada um para um lado. Os dois, contudo, sempre carregaram a nostalgia do outro se metendo, ao longo da vida, na tarefa de achar a sua outra metade porque, só então, estariam realizados e felizes.

Creio eu, meu filho, que o mito não está longe da verdade. É preciso encontrar, para sermos felizes e nos completarmos, a nossa outra metade, aquela que traz dentro de si o outro polo do nosso amor que, por isso mesmo, só pode ser uma metade muito querida. Daí a expressão a cara-metade.

Aí está, João, o que eu queria dizer com tão longa digressão. Só se pode ser feliz quando se encontra a mulher que o próprio Deus nos reservou. Essa vai nos completar, ser o outro pedaço de nós mesmo. Quem é ela, há de perguntar você. Não sei, ninguém sabe. Há que procurá-la no meio da selva da vida. Quando você a encontrar, fique certo que seu ser irá acusar sua presença. Para uns, é tarefa fácil, para outros, difícil, pouco importa. É sempre uma tarefa tão rica e fundamental que vale a pena enfrentá-la. Afinal, se está procurando a cara metade.

Eis o que eu queria dizer para tentar ajudar você no dissabor desse pedaço de sua vida que apenas começa.

Outro dia, quem sabe, eu completo toda esta história com uma outra, mais bela e profunda que a dos gregos. É a que Deus mesmo revelou, inspirando alguém a contar o mito de Adão e Eva que, pela força do amor que os uniu, revela a imagem Dele mesmo: "E Deus criou o homem à sua imagem e semelhança, macho e fêmea ele os criou" para que "eles se tornem um só carne" (Gn 1:27, 2:24). Mas fica para outro dia.

E termino dizendo, como de início afirmei, que tudo que escrevi é resultado de minha vida. Vida de quem há mais de quarenta anos teve a grande graça de encontrar sua outra metade. Por isso, você existe.

Seja feliz, meu filho, e que o bom Pai do Céu ajude você no difícil peregrinar da Terra, encontrar aquela que será capaz de tornar a sua peregrinação doce e suave.

Sacramento do matrimônio e existência conjugal

Huguette e Bernard Fortin, nossos queridos companheiro canadenses, quando da apresentação de seu tema no Pontifício Conselho para a Família, nos deliciaram com uma linda poesia de Charles Péguy. Nós também queremos apresentar uma poesia e, desde já, garantimos que será ainda mais linda que a do grande poeta francês.

Antes, porém, devemos buscar umas tantas passagens do evangelho para fundamentar o que queremos dizer. É que a inspiração para a nossa palestra fomos encontrá-la no texto de João 15:10-13.

A leitura daquele texto apresenta uma coisa que chama a nossa atenção. Ali, Cristo começa por dizer: "Se guardais os meus mandamentos permanecereis em meu amor". Mas, logo adiante, parece que ele vai mudar as coisas ao dizer: "Este é o meu preceito: amai-vos uns aos outros como eu vos amei". O que chama a atenção é que ele começa pelo plural, meus mandamentos, para logo passar para o singular – meu mandamento. Esta passagem do plural para o singular é muito significativa: é a indicação de que todos os preceitos se resumem em um só, o "amai-vos uns aos outros". Mas por que será que, em outra passagem, Jesus vai dizer que este é o "Mandamento Novo" (Jo 13:34)? Será que o amor ao próximo era, naquele tempo, uma novidade que nunca ninguém havia proclamado antes?

Parece que não. Já no Antigo Testamento, vamos encontrar esta mesma proposta. Muito tempo antes, Moisés havia ordenado textualmente: "Ama a teu próximo como a ti mesmo" (Lv 19:18). Foi este até o texto utilizado pelo próprio Cristo para responder ao doutor da lei.[217]

Onde está, então, a novidade? Ela está escondida em uma pequena palavra, o "como". É aí que se encontra a grande novidade: "Amai-vos uns aos outros *como* eu vos amei". E como Ele nos amou? Cristo mesmo, um pouco mais adiante, vai explicar: "Ninguém tem maior amor do que aquele que dá a vida por seus amigos".[218]

Aí está o sentido profundo de como Ele nos amou: deu-se todo, inteiro, tudo o que tinha, até a sua própria vida. Sua ânsia de nos amar, contudo, não se contentou tão somente em morrer por nós. Foi ainda além. Fez de sua morte a nossa vida, dando-se como alimento: novo tem o sentido de dar-se ao outro para entrar em *comunhão com ele*.

Guardemos, pois, antes de prosseguirmos, que o mandamento de Cristo que encerra todos os mandamentos é entregar-se ao outro para entrar em comunhão com ele: "Que sejam um como tu, Pai, estás em mim e eu em ti" (Jo 17:21).

Ninguém melhor do que nós, os que somos casados, para entender o sentido último do Mandamento Novo. O padre Henri Caffarel, recordando as descobertas dos jovens casais que começaram as Equipes de Nossa Senhora, chega a afirmar que o amor conjugal "é a forma mais explícita que Deus encontrou para se dar a conhecer aos homens, a ponto de causar ciúme àqueles que não se casam". Sabemos de uma forma bem existencial, que o amor consiste sempre em dar-se para chegar à comunhão.

Para ilustrar o que estamos dizendo, gostaríamos de convidá-los a recordar a história de seu próprio amor. Como só conhecemos a nossa própria, vamos evocar agora alguma coisa daquilo que já vivemos. Mas vamos evocá-la meramente para que cada um evoque a sua, mesmo porque a nossa, basicamente, não deve diferir muito da de vocês.

---

[217] Cf. Mateus 22:36.

[218] João 15:13.

O marco inicial de nossas histórias já é, em si mesmo, bastante significativo. Pode-se dizer mesmo que estamos diante de um mistério. Afinal, existem milhões e milhões de mulheres pelo mundo a fora. Por que, então, justamente a mim, Marcello, coube-me encontrar Esther? Acrescenta-se, ainda, em nosso caso, que nos conhecíamos, praticamente, desde que nascemos: nossas famílias eram muito amigas. Seguramente, durante nossa infância nos encontramos muitas vezes. Mas, um belo dia, a mocinha que nunca antes havia chamado a atenção de Marcello passou a ser o maior objeto de suas preocupações, a ponto de não lhe sair mais do pensamento. E graças a Deus – segundo Marcello – a mesma coisa se passava com Esther. O certo é que, sem mais aquela, um estava encantado pelo outro, o que lá no fundo, é um verdadeiro mistério. Tanto isso é verdade que todos os povos buscaram interpretações místicas para explicar este misterioso cruzamento de duas vidas. O mais famoso é o grego que ficou conhecido como da "cara metade".

Sem indagar se era um mistério ou não, o fato é que, desde então, só tínhamos um único desejo, o de estarmos juntos. Como nos idos de 1945 as coisas eram muito diferentes de hoje, tínhamos que buscar mil pretextos razoáveis para nos encontrar. Coisas assim como passar, por mera "coincidência", pela rua do colégio justamente na hora da saída... Ou de visitar uma tia doente, que estava hospedada justamente na casa da sogra...

Um episódio importante em nossa historia foi o momento de dizer, pela primeira vez, o "eu te amo". Já não sabemos como as coisas se passam hoje em dia. No nosso tempo, as convenções mandavam que se escolhesse um momento quase formal para fazer o que se chamava a "declaração". Pouco importa, contudo, como era feita em 1945 ou como se faz em nossos dias. O importante é buscar o seu sentido, aquele que fica bem além do aspecto romântico. A verdade é que na ocasião fui retirar do fundo do coração algo que era muito meu, algo que não deixava de ser um pouco de mim mesmo para entregá-lo à moça de meus sonhos. Como esta declaração-entrega foi recebida por Esther lá no fundo de seu ser, começamos, assim, a entrar em comunhão. Falar em comunhão é o mesmo que dizer união. Por isso, o abraço que selou aquele momento inesquecível foi claro sinal que nossas vidas começaram a se unir.

O abraço, sem sombra de dúvida, é um gesto de profunda significação: é um que abre os braços para receber o outro ao mesmo tempo em que o outro abre os seus na ânsia de se fundirem, de ser uma só coisa. Para nós, este primeiro abraço amoroso foi um marco das nossas vidas que se encontraram e que, pela dinâmica própria do amor, procuraram estar cada vez mais unidas.

Foi, justamente, este recôndito desejo de nos encontrarmos no mais íntimo de nosso ser, que nos empurrou para buscar um conhecimento mútuo em maior profundidade. Este desejo de conhecer-se não se limitava àquele tempo. Ia além, descendo ao passado de cada um de nós: "Que você fazia quando pequena? Que problemas você tinha com seus pais? Quais eram seus gostos?".

Ao mesmo tempo que buscávamos penetrar o passado, lançávamos o olhar para frente fazendo planos para o futuro. Foi nesse encantador tempo que decidimos, por exemplo, que iríamos ter muitos filhos. É claro que não estabelecemos o número. Sabíamos apenas que devíamos ter muitos. Com isso, estamos quase querendo dizer que se hoje temos onze filhos é porque somos excelentes executores de nossos planos...

O tempo do noivado, todavia, não serve apenas para planos românticos ou não. É também um tempo propício para um maior ajuste recíproco, para polir arestas. Estas, afinal, são obstáculos àquela união mais estreita que tanto se almeja. Por isso, sentimos que devíamos lutar, vencer tais obstáculos. O terrível é que tal luta não termina nunca. Desde aqueles tempos longínquos – isso já vai para mais de cinquenta anos – eu, Marcello, faço um esforço descomunal para acostumar-me com a invencível tendência de minha mulher chegar sempre atrasada em todas as ocasiões. Em compensação, Esther, até hoje, não conseguiu acostumar-se com meu gênio irascível. É forçoso, porém, confessar que já progredimos alguma coisa. Pelo menos, depois de passada a tempestade (que quase sempre ocorre), aprendemos a perdoar um ao outro. E, assim, de atraso em atraso, de perdão em perdão, vamos ficando muito mais unidos. É o que importa!

Muitíssimas outras coisas podíamos ir contando. Não é necessário, contudo, porque vocês as conhecem tão bem como nós. O importante é não esquecer que todas elas têm o sentido de uma busca de união crescente.

Passemos, sem mais delongas, para o tão esperado dia do casamento. Se não fizermos isso, a palestra corre o risco de inclusive não terminar tão cedo. Vamos, pois, para a recordação daquele dia tão especial e inesquecível. Ele representa a culminância de uma caminhada que não tem outra finalidade senão a procura de uma aproximação mais intensa e completa. É o que vai realizar-se com a doação dos corpos que é, a um só tempo, o ápice de uma espera e o começo de uma vida completamente nova que encontra seu centro e a fonte de uma união mais profunda na comunhão sexual.

Ah! Amigos, como seria bom parar um pouco para recordar como é bela e prodigiosa a nossa intimidade! Será que pode existir nesta terra algo mais lindo que os momentos em que nos encontramos no dom total dos corpos? É um instante tão rico que o escritor sagrado (que só podia ser casado!) pode mostrar, nestes momentos, ainda que por instantes, algo insólito: o homem sente que conhece sua mulher no mais íntimo de seu ser. E vice-versa.

Sublimes momentos em que me perco em minha mulher para encontrá-la, enquanto ela me encontra porque se perde em mim. Vocês casados sabem que as palavras são pobres e inexpressivas para cantar toda a grandeza imensa do ato de amor. O pouco que se consegue dizer é que o dom dos corpos significa que um se dá ao outro para recebê-lo, ao mesmo tempo que recebendo-o entrega-se em ondas crescentes até chegar ao delírio do êxtase. Aí, então, os dois sentem que são uma só coisa, "uma só carne" para usar a expressiva e realista expressão bíblica que, seguramente, só pode ter sido concebida por alguém que era casado. É esta a ocasião em que, marido e mulher, ainda que por instantes fugazes, podem sentir a plenitude da comunhão. Não foi à toa que o Criador gratificou estes momentos de suprema união com o paroxismo do prazer. Não foi em vão, também, que o Criador quis que este momento sublime participasse de seu próprio poder criativo, revestindo-o da fecundidade dos filhos.

Este não é, todavia, um ato isolado e único. Tem uma riqueza tão inesgotável que cada um deles é sempre novo! É tão forte e repleto de energia que pode renovar-se indefinidamente de tal maneira que, passados os anos, hoje é tão bom ou melhor que antes.

Foi esta quase miraculosa capacidade de uma perene renovação que levou o arcebispo ortodoxo Inocente Borisov a exclamar: "O matrimônio é o que resta sobre a terra do Paraíso".[219]

E por todas estas razões é que o matrimônio – resto do paraíso – é também a imagem viva do Mandamento Novo.

É bom recordar de novo, como fizemos no início, que o preceito do amor ao próximo consiste em amá-lo como Cristo nos amou: dando-se inteiramente a nós para que entrássemos em comunhão com Ele. Ora, casar-se é, justamente, dar-se para entrar em comunhão. Daí, São Paulo haver proferido estas palavras fantasticamente belas: "Este mistério é grande em relação a Cristo e a sua Igreja" (Ef 5:32). Por tal motivo, é que vamos buscar, na espiritualidade que nasce de nosso sacramento, as graças e a força para a nossa existência conjugal e familiar. Mas como vocês bem sabem, por experiência própria, este tipo de existência não é imune a dificuldades.

Para ilustrar de uma forma viva e existencial como a espiritualidade matrimonial nos dá as graças para vencer as dificuldades, Esther deseja partilhar alguma coisa de sua vida.

Creio que um aspecto fundamental na vida de uma mulher casada é sentir-se amada e compreendida. A propósito, eu gostaria de contar-lhes o que se passou comigo quando começaram nossos problemas com os filhos.

De um lado, sou uma pessoa com tendência de sentir-se sempre culpada pelas coisas que acontecem. De outro, sou muito desorganizada e distraída. Por isso, passei a julgar que eu era a grande responsável pelos problemas que surgiam. Acreditava mesmo que não lhe dava bastante tempo e atenção. Achei, então, que devia mudar minha maneira de ser. Passei a pedir a Deus, de todo o coração, que ele me desse a graça de mudar as minhas atitudes.

---

[219] Cf. *L'Anneau d'Or*, Bayard Presse (Paris), n. 117-118, p. 184.

Muitas vezes não lograva dormir. Em uma dessas noites, Marcello percebeu que eu não dormia. Perguntou-me o que estava ocorrendo. Demorei um bocado para conseguir me abrir, mas, com esforço, acabei contando-lhe as minhas preocupações angustiadas. Depois de ouvir-me com muita paciência, ele veio me perguntar: "Você reza todo dia para mudar?". Mais que depressa fui afirmando: "Sim, todos os dias e todas as noites". Marcello logo indagou: "E mudou alguma coisa?". Ao invés de responder-lhe, vi-me chorando como uma menininha. Por fim, a muito custo, logrei dizer-lhe: "Não, continuo exatamente a mesma". Ao mesmo tempo em que procurava estancar minhas lágrimas, ele me dizia, sorrindo: "Você não vê que Deus quer que você seja exatamente como você é, sem mudar coisa alguma?". Foi só aí que compreendi que eu devia aceitar-me tal como sou, em toda a minha dimensão humana de grandeza e miséria.

Como Marcello dizia ainda há pouco, ninguém pode compreender melhor o Mandamento Novo que nós, casados. Vimos que tudo está no "como" Ele nos amou: entregando-se totalmente para que pudéssemos entrar em comunhão com Ele e por Ele com o Pai e o Espírito Santo. O que é a nossa vida de casados senão uma entrega que busca ser total para viver em uma comunhão cada vez mais intensa? E é também nesta comunhão que participamos da comunidade trinitária, onde vamos encontrar ânimo e as graças para vencer os episódios difíceis de nossa existência.

Há algum tempo, eu mesma passei por momentos bastante difíceis. De repente, sem qualquer suspeita anterior, vi-me com um câncer. Tive, em consequência, que submeter-me à ablação de um seio. É tremendamente duro para uma mulher sofrer semelhante mutilação! Só me foi possível superar todo o doloroso trauma psicológico porque me senti profundamente amada por todos: por minha mãe, minha irmã, meus amigos, meus filhos e, muito especialmente, por meu marido. Foi justamente por me sentir amada por Marcello, que me livrei da ameaça de uma depressão que se tentava insinuar: que era melhor morrer que viver mutilada. Foi o amor dele que me salvou: eu tinha toda a certeza que ele me amava como me ama, tal como eu sou no mais fundo de mim mesma, com as minhas qualidades e as minhas debilidades, ainda que físicas.

Se evocamos aqui estas passagens de nossa vida é, como dizíamos antes, para que cada um de vocês evoque também episódios de suas vidas e, assim, nos tornemos mais convencidos que devemos ser pregoeiros do amor humano para que os homens e mulheres de hoje, sobretudo, os jovens, descubram que temos um Deus que é amor!

Ao iniciarmos a palestra, prometemos a vocês uma poesia ainda mais linda que aquela com que Bernard e Huguette nos brindaram. Depois, os convidamos a recordar a história do amor que os une. Agora, terminamos indagando se existe alguma poesia mais linda que nosso próprio amor? Deo Gratias!

Nota do autor: o presente texto corresponde à exposição apresentada, verbalmente, à assembleia na língua castelhana – uma das três faladas oficialmente no Conselho para a Família – e, posteriormente, redigida naquela língua e, agora, traduzida para o vernáculo. Como a língua que falamos e conhecemos é o português, evidentemente a "tradução" saiu muito melhor que o original... A partir do texto em castelhano, alguém fez a versão para o italiano para que fosse publicada oficialmente pelo PCF na Editrice Elledici (Turim) em 1989, sob o título: *La sacramentalità del matrimonio e la spiritualità coniugale e familiare*, p. 130.

A formação dos filhos:
fim do matrimônio

uando nos chegou à carta de nosso presidente, designando o tema que deveríamos tratar, ficamos curiosos para saber por que o nosso era aquele. Por que aquele e não outro? A primeira ideia que passou pela cabeça foi a de um sorteio. Mas isso nos pareceu muito banal. A explicação deveria ser outra. Lendo, entretanto, com atenção o comunicado de nº 27/86, deparamos com uma orientação que pareceu levar-nos para a explicação: "La comunicación de uds. no ha de ser doctrinal sino una exposición pratica, haciendo referencia a la experiencia personal".

Neste apelo à experiência pessoal, pareceu-nos encontrar a explicação que buscávamos. Pensamos logo: nosso cardeal presidente deve ter lembrado que já somos casados há quase 35 anos, temos onze filhos com idades que vão dos 34 aos 15 anos, sem falar nos quatro netos. Tudo isso junto – pensamos então – deve ter levado a presidência a nos considerar "autoridades" no assunto. Daí a escolha do nosso tema: a formação dos filhos.

Que fizemos para dar uma formação aos nossos filhos? A pergunta nos levou a uma retrospectiva de nossa vida de pais.

Devemos dizer que não fizemos nada diferente do que tantos outros pais, levados como nós pelo ideal de uma família cristã, fizeram. Procuramos, mesmo com sacrifício, colocá-los em colégios católicos. Fizemos com que todos seguissem o catecismo. Iam conosco à missa todos os domingos. Quando os mais velhos chegaram à juventude, não deixamos de mandá-los para os cursos e encontros de jovens. Todas as noites, fazíamos com eles a oração em família. Procuramos ler e explicar-lhes as sagradas escrituras. Preparamos, cuidadosamente, o presépio e fazíamos a novena do advento. Enfim, seguíamos os "métodos tradicionais".

A que resultados chegamos?

Nem é preciso dizer que nossos filhos não são o que sonhamos e imaginamos para eles. Dos quatro que se casaram, dois já estão "descasados". Um quinto não quis se casar nem no civil. Os mais novos nos falam assim: "Eu me casar? Nem em sonho...".

Dos onze, apenas dois são realmente praticantes. Dos que passaram pela vida universitária (alguns na universidade católica), foram contaminados pelas críticas e preconceitos contra a igreja.

Há, porém, um aspecto bem significativo que não podemos deixar de assinalar. Até às nossas bodas de prata, não tínhamos problemas, tudo em casa marchava muito bem. Víamos, por outro lado, os problemas que amigos e parentes tinham com seus filhos e imaginávamos que isto nunca nos aconteceria... Pois os tínhamos educado tão bem, eles certamente seguiriam sempre o "bom exemplo" dos seus progenitores...

Tínhamos mesmo uma atitude crítica: se os filhos de fulano ou sicrano têm estes problemas é porque eles não os educaram bem, deixaram de fazer isto, foram omissos naquilo etc. Hoje, porém, dez anos depois das bodas de prata, quando o quadro está longe do esboço brilhante que tínhamos na cabeça, aprendemos com muito sofrimento a sair da nossa suficiência, a sermos mais humildes.

Adquirimos uma maior compreensão pelas pessoas, suas riquezas e dificuldades e procuramos aceitar os nossos filhos e os outros como eles são. O tempo, com os seus contratempos, mostrou-nos como somos pequeninos e débeis às nossas forças e capacidades. A lição, dura e amargamente aprendida em muitas noites de insônia, levou-nos a pôr toda a nossa esperança n'Aquele que tudo pode. Foi por essa época que resolvemos ir todos os dias à missa (costumávamos ir duas vezes por semana), procurando na palavra de Deus e na eucaristia luz e força para nós e nossos filhos.

Não se pense, contudo, que em casa vivemos o clima de um fracasso total. Mercê de Deus estamos longe disso. Existem coisas até que muito positivas.

Uma delas é ver como eles se amam. E isso vem desde a meninice. Poucas vezes, muito poucas mesmo, nós os vimos se meterem em brigas violentas, aos murros e sopapos. Discutiam, é claro, xingavam-se, como é natural, mas logo tudo passava e estavam amigos de novo.

Hoje, na casa em que vivemos, distante três horas de São Paulo, é uma alegria vê-los reunidos. Sempre que há um feriado prolongado, quase todos sobem – porque vivemos na montanha, a 1700 m de altitude – para nos visitar. E, ali, estão eles todo o tempo juntos, conversando, jogando, brincando. Alegres, felizes, simplesmente porque estão juntos.

Outra coisa que muito nos alegra, é que eles têm uma preocupação muito grande com a justiça, com o sofrimento dos outros, com as privações dos pobres. É por isso, talvez, que eles não fazem distinção de pessoas: tratam todas da mesma maneira, sejam ricas ou pobres. Têm uma hierarquia de valores cristãos: não querem "subir na vida", não lhes interessa dinheiro ou poder, são simples e desprendidos.

Vamos ficar por aqui. Não que não existam outras coisas. Mas, afinal, não nos foi pedido um panegírico da família!

Permitam, apenas, que lhes conte um episódio recente e muito ilustrativo do que queremos dizer a propósito do tema de nossa exposição.

Trata-se da carta que nossa filha, Maria do Carmo, escreveu à mãe por ocasião do seu aniversário, no último mês de agosto. Esta carta deu-nos uma imensa satisfação que desejamos compartilhar com vocês.

Antes, porém, é preciso dizer quem ela é e o que faz.

Se dissermos que ela é, nos seus 24 anos, uma linda moça, vocês vão dizer que a coruja também acha seus filhos lindos... Mas o fato é que ela o é realmente! Não apenas física mas, sobretudo, espiritualmente. É uma criatura que nasceu para dedicar-se aos outros, acima de tudo aos pequenos e desamparados. Basta dizer que aos dezoito anos, trabalhando na Fundação do Menor Abandonado, deparou-se com o caso de uma pretinha, abandonada na rua, com a idade presumida de dezoito meses, que não sabia comer, não era capaz de dizer coisa alguma nem conseguia sentar-se. Tudo por absoluta carência de afeto. Condoída, ela pediu-nos licença para levar a filha para nossa casa, o que fez até a pobrezinha ficar em condições de ser adotada por uma família.

Atualmente, Maria do Carmo vive no mais recôndito da imensa selva Amazônica, em uma pequena cidade que só se pode atingir de barco depois de uma viagem de 48 horas, se tudo correr bem. Lá ela cuida de uma creche para crianças, é a responsável pelas escolas disseminadas às margens dos rios, onde atende aos mais pobres, sobretudo os leprosos.

Feita a apresentação, passamos à carta, escrita à luz de lampião, dentro de um barco, enquanto visitava suas pobres escolas.

O interessante é que a carta, providencialmente, chegou quando refletíamos sobre o tema que nos foi dado. Ela chamou a nossa atenção para um aspecto que, depois de bem ponderado, se nos apresentou como aquele que serve de *fundamento* para a formação dos filhos. Só dele desejamos tratar, mesmo porque a limitação do tempo nos impede de arrolar outros. Fiquemos, pois, apenas com o que se poderia chamar de pedra angular da formação dos filhos.

Antes, porém, de avançar a resposta, seria bom dizer que fizemos questão de conferir a nossa opinião com a de vários casais amigos. E todos concordaram conosco.

Qual seria, então, a coisa mais importante para que nossos filhos possam receber uma boa formação?

É, sem dúvida alguma, a existência de um clima de amor dentro do lar. O problema, contudo, é saber como se consegue, dentro de casa, uma atmosfera propícia ao desenvolvimento espiritual, moral e humano dos filhos. A resposta é óbvia: isso só existe quando os pais se amam muito.

Se nossa filha Maria do Carmo, na carta que escreveu para a mãe de "mulher para mulher", pode referir-se ao "exemplo de amor" de seus pais é porque, passados quase 35 anos (em 27 de dezembro vamos completá-los) o nosso amor continua vivo, intenso, bem maior do que nos primeiros tempos.

O segredo do nosso amor encontramo-lo 33 anos atrás, quando o bom Pai, ouvindo as preces que fizemos durante os anos de noivado para formarmos um lar cristão, levou-nos até às portas das Equipes Notre-Dame que, àquela altura, começavam no Brasil. Foi ali que descobrimos aquilo que Jacques Leclercq chamou de a maior descoberta do século XX: a espiritualidade conjugal.

Não só descobrimos, como ao longo da caminhada as equipes nos sustentaram e nos ajudaram a encontrar "sementes de contemplação" nas coisas do dia a dia de nossa vida de marido e mulher. O fato é que a espiritualidade conjugal só fez o nosso amor crescer. Não por caminhos complicados, mas procurando enxergar com olhos de fé o que nos acontecia todos os dias. Sem complicar as coisas ou buscando coisas longínquas, difíceis. Apenas o dia a dia, os bons e maus momentos ou os momentos nem bons nem maus encarados com uma visão teologal.

Nessa mesma linha, no ano passado, citávamos em uma palestra, a título de exemplo, a "teologia das fraldas e mamadeiras" como uma bela escola para se aprender as virtudes cristãs.

Olhando ao nosso redor, para parentes e amigos que sucumbiam na caminhada, só tínhamos que agradecer a Deus pelo amor que em nós crescia.

Por isso, sentimos a necessidade de levar aos outros a descoberta da espiritualidade conjugal. Mormente em nossos dias, quando o amor é confundido com tanta coisa que não é amor. Como? Quando éramos os responsáveis pelo movimento no Brasil, quis o bom Deus que organizássemos umas jornadas de cinco dias completos, onde tudo girava em torno da espiritualidade própria dos casados. Com alegria e satisfação, podemos contar hoje, depois de mais de quarenta jornadas no Brasil e na América Latina, com casais que se tornaram cristãos autênticos e verdadeiros apóstolos, porque descobriram que se pode ser santo através da vida de casados.

Por isso, queremos propor ao conselho, tal como fizeram outros, que o próximo Sínodo dos Leigos estimule e crie condições para que a espiritualidade conjugal seja aprofundada e melhor conhecida. Nossos queridos companheiros Ron e Maria Pirola lembravam, por exemplo, em sua proposta, a necessidade de se tomar conhecimento da natureza sexual do sacramento do matrimônio, aspecto que nos parece absolutamente fundamental e que nunca é abordado nos livros que andam por aí.

A verdade é que é ainda bem pouco difundida a espiritualidade que brota do matrimônio. É até mesmo confundida ou infiltrada por uma espiritualidade de celibatários.

Uma vez lemos em conhecida revista o conselho que um casal cristão dava aos leitores: o de marido e mulher antes de manterem uma relação sexual, ajoelharem-se ao pé da cama para fazerem uma oração! Esquecia-se o bom casal que tal encontro de amor é para descobrir em que consiste a verdadeira comunhão e, assim, perceber na própria carne porque São Paulo dizia que "em verdade esse sacramento é grande pois é o sinal da união de Cristo com a sua Igreja" (Ef 5:32).

Tão somente para frisar e sublinhar quão necessário que o sínodo trate da espiritualidade do matrimônio, permitam-nos fazer aqui uma "confissão" que mostra bem como se confunde a nossa espiritualidade, de homens e mulheres unidos por um sacramento, com aquilo que ela não é.

A "confissão" implica voltar bem para trás, para o tempo em que éramos ainda simples noivos. Naquele época, não existia nem se ouvia falar em cursos de preparação para casamento. Como tínhamos um grande desejo de formar um lar cristão, tivemos que nos preparar por nossa própria conta. O jeito era ler e, depois, trocar ideias sobre os livros então existentes. Bem poucos, aliás. Para a coisa não ficar entregue só à nossa própria cabeça, decidimos seguir a direção espiritual de um sacerdote que, segundo se apregoava, tinha boa experiência no assunto. Quando se aproximou a data da cerimônia, o bom padre chamou-nos para um conselho que não tinha nada de novo, eis que já o havíamos lido em um dos tais livros. O conselho pareceu-nos altamente sugestivo, porque, segundo se dizia, era tirado da própria Bíblia. Recomendou-nos o nosso direcor de consciência que seguíssemos o belo exemplo de Sara e Tobias que só dormiram juntos três noites depois das bodas!

Por sorte, o Pai do Céu, que bem conhecia nossas intenções, deu-nos forças para seguir o conselho apenas durante umas poucas horas... Conselho provindo de um texto falso, não inspirado, interpolado por algum copista infectado pelo maniqueísmo.

Nota do autor: exposição apresentada à assembleia geral do Pontifício Conselho para a Família, em castelhano, e vertida para o italiano e publicada pelo PCF na Edrice Elledici (Turim) sob título *Il sacramento del matrimonio e la missione educatrice*, 1998, p. 111.

Dom Eduardo Bustos:
testemunho de um empresário

Estamos em casa, a família toda reunida para comemorar o vice-campeonato pan-americano de karatê que, dias antes, nossa filha Maria Ester havia conquistado. No meio daquela alegria toda, sou chamado ao telefone. Era de Bogotá. Um amigo dava-nos a triste notícia do falecimento de Eduardo Bustos na madrugada daquele dia 15 de novembro, nove dias antes de completar 51 anos. Ao pranto de quem nos chamava, juntamos, atônitos, o nosso, o meu e de Esther, minha mulher.

Desde então, a figura de Eduardo não sai da minha cabeça. Cenas e episódios desfilam continuamente por minha memória. Em todas elas, estou a ver Eduardo à minha frente, com sua figura bem nítida e presente aos meus olhos.

Gostaria tanto de contar-lhe algumas destas cenas... Mas como, se o espaço e o tempo são poucos? Fiquemos com apenas uma, cheia de lição para nós todos.

Para isso, vejo-me agora, cheio de saudade, sentado à mesa do amigo no acolhedor escritório de sua casa, na capital da Colômbia. O que vou contar representa um momento decisivo de sua vida. Cecília, sua esposa, confirmou esta minha impressão. Por isso me atrevo dizer que aquele foi o grande momento de sua existência, o momento em que o Senhor lhe pediu a conversão total.

Digo-lhe que sou feliz em contar o episódio, porque o bom Deus quis que eu e minha mulher fôssemos, principalmente juntos com Cecília, os mensageiros do convite que, como veremos, certo dia o Espírito endereçou a ele.

Foi lá pelo começo de 1980, fevereiro talvez, que recebemos uma dramática carta de Julio e Amália. Alegando fortes razões de saúde, mostravam que já não podiam continuar como responsáveis pelo movimento das Equipes da Nossa Senhora na Colômbia. Pediam a imediata substituição.

Era uma situação delicada e complicada para nós dois, como responsáveis pelo movimento na América *de habla castellana*. Não tínhamos recursos nem disponibilidade de tempo para voar até Bogotá. Tínhamos que fazer a escolha à distância, de longe, sem poder conversar com quem quer que fosse. Agarramo-nos, então, ao Senhor, confiantes que Ele nos diria o que fazer.

Depois de muita oração e reflexão, chegamos à conclusão que Cecília e Eduardo eram os indicados. Tínhamos, contudo, um sério temor que o convite não seria aceito. Como era urgente a solução, passamos um telegrama com a indicação.

É preciso esclarecer que, ao tempo, a comunicação telefônica com aquele país era muito precária: a ligação demorava muitas horas, com o risco de não encontrar a pessoa em casa para atender a chamada. Por isso, usamos o telegrama. Recebemos, em resposta, nervoso telex assinado apenas por ele no qual declarava, peremptoriamente, que não podia aceitar a incumbência. Em poucas palavras, dizia que seus afazeres profissionais eram cada dia maiores, seus negócios cresciam e a fábrica que ele presidia estava em um ponto de desenvolvimento que exigia cada vez mais a sua presença. Por tal motivo, não podia encontrar tempo para as equipes.

Passados uns tantos dias, recebíamos uma longa carta de Cecília, cheia de carinho e preocupação. Cheia, sobretudo, de abertura de coração e sinceridade. Lemo-la, Esther e eu, não sei quantas vezes. E a cada vez víamos diante de nós a figura meiga de Cecília a nos pedir, de olhos arrasados de lágrimas, que escrevêssemos a Eduardo aconselhando-o a mudar de comportamento. Com o coração sangrando, ela revelava o seu temor pelo futuro, pois "Eduardito" não fazia outra coisa senão pensar nos problemas da fábrica. Já não encontrava tempo, como antes, para dedicar-se ao lar, aos filhos e a ela mesma. Saía cedo e voltava, geralmente, tarde, sempre tenso, cansado e preocupado. Vivia, segundo nos contava Cecília, às voltas com coquetéis e jantares de negócio. A carta terminava com um fervoroso e angustiado apelo para que escrevêssemos, tentando convencê-lo a aceitar a responsabilidade porque, se isso ocorresse, ela estava convencida que ele mudaria de vida.

A voz angustiada de Cecília nos calou fundo. Ainda mais que a negativa de Eduardo não foi uma surpresa para nós. Sabíamos que era tremendamente difícil mudar a mentalidade de alguém empolgado pelo sucesso dos negócios. Como desde a carta de Júlio e Amália estávamos fazendo uma intensa campanha de oração junto com outros companheiros, o plano da carta, àquela altura, já havia aparecido em minha cabeça. Ou em meu coração? Continuamos, todavia, a rezar, pois queríamos escrever uma carta como o Senhor gostaria que escrevêssemos.

Uma bela manhã, depois da missa, enquanto Esther ficava de guarda rezando (como Moisés em Refidim, Ex 17:11), pus-me a escrever o que depois o próprio Eduardo, brincando, chamou a "Primeira epístola de Marcello a Eduardo Bustos".

Recordo, ainda, que era bastante longa. Do começo ao fim, porém, marcada por um tom muito pessoal, como se fora uma verdadeira "coparticipação", uma partilha de vida, um verdadeiro encontro pessoal.

Girava, toda ela, em torno de uma ideia básica: a busca do Reino de Deus. Começava pondo em relevo sua determinação de fazer da Fadaltec uma grande empresa, coisa que só podia merecer aplausos. Era necessário, contudo, não colocar os interesses da empresa à frente das coisas de Deus. Isso seria como que uma usurpação. Seria trocar Yhavé pelo Bezerro de Ouro.

Daí a "epístola" passava a mostrar que a verdadeira atitude de um cristão era, justamente, adotar a atitude contrária: para realizar seu sonho de empresário, deveria, antes de qualquer coisa, BUSCAR O REINO DE DEUS EM PRIMEIRO LUGAR, QUE TUDO MAIS RECEBERIA POR ACRÉSCIMO.

Como se tratava de uma "coparticipação", pus-me a mostrar-lhe que não acreditava naquele conselho de Cristo apenas porque, simplesmente, o tivesse lido. Minha convicção era muito mais profunda: brotava de minha própria experiência. Tanto que – afirmava eu sem falsa modéstia – naquela altura de minha vida acabara por me tornar alguém bem sucedido. Com toda a sinceridade, disse-lhe que, para tanto, certo dia compreendi, no fundo de mim mesmo, que era preciso procurar o Reino de Deus em primeiro lugar. Por isso, mesmo nas épocas em que andei apurado até o limite de minhas forças, sempre procurei dar um pouquinho de meu tempo Àquele que é o Senhor do tempo. Ele, de seu lado, nunca me deixou faltar tempo para o que me era necessário. Por aí, ia eu partilhando "coisas que guardava no coração". E terminava assim: "Você quer fazer da Fadaltec a maior empresa das Américas? Então, não deixe jamais de buscar primeiro o Reino de Deus".

Coisa interessante: a carta acabava assim, sem pedir-lhe para aceitar o encargo.

Ainda lembro que no momento de colocá-la no correio, ocorreu-me uma pequena oração: "Senhor, manda um anjo mensageiro entregar esta carta".

Cecília a recebeu às vésperas do feriado de 1º de maio. Estrategicamente (inspirada pelo carteiro celeste?), não a entregou de imediato ao destinatário. Deixou-a bem à vista, no criado mudo, já depois que ele dormia. No outro dia, quando ele acordou, deu com o envelope. Cecília, que de longe espreitava, conta que ele ficou a lê-la por longo tempo, muito concentrado. Como a família havia combinado um piquenique para aquele dia, meteu o envelope no bolso. Durante o passeio, Cecília viu que, por duas ou três vezes, ele se retirava para um canto e punha-se a ler a "epístola".

Para resumir, no outro dia, se não me engano, conversou com Cecília e depois com os filhos e tomou a sua decisão. Escreveu-nos, então, uma carta para dizer que as equipes podiam contar com ele, pois, dali para frente, buscaria o Reino antes de mais nada.

O resto não preciso contar. Todos os equipistas da Colômbia sabem que, apesar das dificuldades, das decepções, dos empecilhos, das crises, das desilusões, o Senhor sempre esteve em primeiro lugar. Ele que, em outros tempos, não tinha tempo senão para os negócios, a partir daquela madura opção de 1º de maio, foi encontrando cada vez mais tempo para a leitura da Bíblia, para a oração, para a missa quase diária, para o seu rosário, para organizar retiros, encontros e um infindável número de reuniões. Nem por isso deixou de realizar o seu sonho de empresário: a sua Fadaltec não fez senão crescer apesar da crise que andou avassalando o mundo.

Volto ao que disse no começo. Tenho cá para mim que aquele 1º de maio foi o dia em que o Senhor, mediante uma simples carta, deu-lhe um cheque-mate, pedindo sua conversão total. Talvez com o coração dilacerado, vencendo a sedução do dinheiro e a vaidade do sucesso, ele disse sim Àquele que lhe pedia uma entrega total.

Em Toronto, no Canadá, na semana que antecedeu a cirurgia que o vitimou, ia todos os dias à catedral para rezar o rosário, assistir à Santa Missa e, depois, deixar-se ficar, por longo tempo, em profunda oração. Foi por aqueles dias que confessou a Cecília: "Nunca consegui rezar tão bem como agora. Sinto-me tão perto de Deus!".

Já no hospital, de olhos fitos nos de Cecília, dizia-lhe: "Sinto-me tão feliz, tão Feliz! Sou um homem completamente realizado".

Haveria ainda tanta coisa para dizer, tantas recordações para lhes contar que nem sei onde pararia. Do passado, passo diretamente para o presente, para o dia de hoje, segunda-feira da 34ª semana litúrgica. Às doze horas acompanhei Cecília à missa na igreja de San Ambrósio. Estremeci logo ao início da celebração quando ouvi o cântico de entrada: "Deus anuncia a paz a seus amigos e aos que se convertem de coração" (Sl 84:9). Estremeci porque sei, como tantos equipistas de Bogotá também o sabem, que Eduardo foi um dos que se converteram de coração. Estremeci porque naquele instante lembrei-me que ele, ao entrar para as equipes, mal sabia rezar a "Ave-Maria" e acabou tão perto de Deus. Estremeci ao sentir que a coerência de sua conversão foi tanta que, para a alegria de todos nós, seus amigos, e de todo o Corpo Místico, ele está bem juntinho do Cristo que lhe pediu um sim radical.

Já não sei, amigos, como terminar. Quisera eu ser poeta para findar este escrito com um poema, algo que deveria se chamar "Ode a um amigo que se tornou santo". Mas toda esta poesia, por melhor que fosse, seria tão pobre diante da riqueza das últimas palavras que ele disse àquela que foi carne de sua carne:

Yo te quiero tanto, Cecília, te quiero tanto.

PS: este artigo foi originalmente escrito em espanhol para a *Carta Mensal* das Equipes da Colômbia, depois da missa de sétimo dia. Escrevi-a no escritório da casa de Eduardo e Cecília, sentado na própria escrivaninha que era dele. Talvez inspirado por ele mesmo!

* * *

FSC
www.fsc.org
MISTO
Papel produzido
a partir de
fontes responsáveis
FSC® C132240

A marca FSC® é a garantia de que a madeira utilizada na fabricação do papel deste livro provém de florestas que foram gerenciadas de maneira ambientalmente correta, socialmente justa e economicamente viável.

Este livro foi composto com a famílias tipográfica Garamond
e impresso em papel Offset 75g/m² pela **Gráfica Santuário**.